ÉLOGE

DE SUGER,

ABBÉ DE SAINT-DENIS.

ÉLOGE DE SUGER,

ABBÉ DE SAINT-DENIS,

Premier Ministre sous les règnes de LOUIS LE GROS & de LOUIS LE JEUNE, & Régent du Royaume.

Nihil appetere jactatione. T-AC.

A AMSTERDAM.

M. DCC. LXXIX.

ÉLOGE

DE

L'ABBÉ SUGER.

C'EST après six siècles de silence &
d'oubli, que la postérité rend enfin à
Suger le tardif hommage de la recon-
noissance publique. Dans un si long intervalle, sa gloire n'a rien perdu ; l'opinion
nationale n'étoit pas préparée encore par
les connoissances politiques, & il n'apparte-
noit pas aux siècles de chevalerie, d'ambition & de fausse gloire qui l'ont suivi, (Nº.I.)
d'apprécier cette vertu simple & sans faste,
qui ne fit rien pour la renommée. Fatale

A

deſtinée de l'homme d'Etat! victime cou-
ronnée du bien public, ſouvent calomnié,
toujours méconnu par les contemporains,
il emporte dans la tombe la conſcience
ſecrette de ſa vertu ; & quand le temps
épure les opinions en précipitant la lie
des paſſions mal-faiſantes, quand la juſtice
des âges prononce ſes oracles, ce n'eſt
plus qu'une ombre inſenſible qu'elle couronne, & les acclamations des peuples ne
percent point les froides enceintes des
tombeaux. Mais l'homme de bien a joui
de ſon cœur, & la preſcience du génie
lui a révélé ſa gloire future ; mais les
monumens des grands hommes ſervent à
les reproduire, & le germe des talens &
des vertus s'échauffe & s'anime au récit
des grandes actions. C'eſt ainſi que le
peuple le plus ingénieux & le plus ſen-
ſible avoit ſu, par les déclamations publiques de ſes poëtes & de ſes orateurs,
multiplier chez lui la race des héros. A
ce ſpectacle vraiment national, la ſenſi-
bilité exaltée de tout un peuple, excitoit
de jeunes courages ; & les larmes de
Thémiſtocles annonçoient à la patrie qu'un

héros venoit de naître des cendres de *Miltiades.*

Cet usage antique & sacré s'est reproduit parmi nous; mais ce n'est plus l'ivresse d'un peuple enthousiaste, ni l'éloquence souvent intéressée d'un sophiste, qui distribuent les couronnes. Dans le temple des Muses, des hommes qui éclaireront les races futures, forment un tribunal qui juge les générations passées; l'éloquence n'est plus que l'instrument de la philosophie. Devant eux se développe l'ame des grands hommes; leurs qualités, leurs talens, les défauts mêmes qui furent les ombres de leurs vertus, viennent se placer dans un tableau fidèle; les rapports des évènemens de leur vie avec l'Histoire générale de la nation, & souvent avec celle de l'humanité entière; les maux qu'ils empêchèrent, & qu'on n'a point connu; le bien qu'ils voulurent faire, & dont on n'a point saisi la mesure; tout est pesé, senti, discuté par une raison sévère; & la nation apprend à aimer & à plaindre ses grands hommes.

Envisagé sous ce point de vue, le portrait d'un grand homme devient un tableau de l'humanité, le ſpectacle d'une vertu dominante, d'un enchaînement de circonſtances difficiles, d'un ſyſtême de conduite qui eut pour objet le bonheur des hommes. Mais ſi le héros, propoſé à l'admiration publique, ſe trouve enfoncé dans l'ombre de l'Hiſtoire; à meſure que les bornes des temps ſe reculent, le champ de la philoſophie s'agrandit; elle ſupplée à la rareté des monumens par une critique exacte de ce qui reſte; elle interroge la nature; &, dans ſes règles générales, elle puiſe des applications particulières. Dans cette ſcène immenſe des évènemens humains, les objets ſe dégradent en s'éloignant : elle nous prévient contre les illuſions, &, calculant la différence des grandeurs réelles avec les grandeurs apparentes, elle aſſigne aux choſes leur véritable eſtimation. Il ne s'agit plus de comparer un homme à des hommes, de peſer les actions & les penſées dans un cercle de circonſtances à peu près égales; il faut oppoſer ſiècle à ſiècle, meſurer les pas de la nature, apprécier ce que l'homme doit aux connoiffances, aux erreurs, aux vices, aux préjugés de fon fiècle; le mouvement qu'il a imprimé aux temps qui l'ont fuivi, celui qu'il a reçu des temps qui l'ont précédé; ce qu'il pouvoit être, ce qu'il devoit être, ce qu'il a été.

Né dans les dernières claffes du péuple, élevé dans l'obfcurité d'un cloître, Suger en eft tiré tout-à-coup, par la faveur du fouverain, pour s'affeoir dans le confeil des rois; il en eft l'ame. Au fein de l'ignorance & de l'anarchie, il fonde un fyftême d'adminiftration, que trois fiècles & demi ne feront que développer & affermir. Dans l'abfence du roi, appelé, par le cri général de la nation, des degrés du trône fur le trône même, il le couvre d'une gloire inconnue depuis *Charlemagne;* & cependant, caché dans les actes mêmes de fon adminiftration, fon nom refte comme perdu dans les faftes, vérifiant ainfi cèt ancien adage : *Heüreufe la nation dont le fouverain n'eft pas connu dans l'Hiftoire !* C'eft le miniftre qui a le plus influé fur l'efprit & le gouvernement de fa nation, & c'eft celui dont l'hiftoire

fait le moins de mention ; c'eſt le ſeul peut-
être qui n'ait laiſſé après lui aucun monument, il faut le chercher dans ſes actions.
On ne les apprécia pas de ſon temps, parce
qu'un horizon de trois ſiècles échappe
aux yeux de la multitude ; on ne les a pas
appréciés depuis, parce que le lointain du
paſſé eſt preſqu'auſſi difficile à ſaiſir que le
lointain de l'avenir. Et, d'ailleurs, c'eſt le
propre d'un mouvement uniforme & réglé,
de reſſembler à l'immobilité : le génie qui
marche à ſon but par des moyens profonds, mais ſimples, n'eſt point apperçu ;
tandis que l'eſprit d'intrigue & de ſaillie
ſurprend l'admiration, parce qu'il fixe
l'attention.

Suger avoit dix ans quand ſon père,
homme ſimple & inconnu (*a*), vint l'offrir

(*a*) Quelques auteurs ont voulu honorer le mérite de
Suger d'une naiſſance illuſtre, dont ſa gloire n'a pas beſoin.
(*M. Dupin*, XIIe ſièc!e, *pag. 652, ſeconde édit.*) Au reſte,
il fixe lui-même ce point de critique. *Quia largâ Dei omni-
potentis adminiſtratione, contra ſpem meriti, morum* & generis
pravitatem noſtram *ad ſanctæ hujus Eccleſiæ acceſſiſſe conſ-
tat*, &c. Sug. conſti. 1.

*Repreſentans mihi quomodo valida Dei manus me pau-
perem de ſterc̣ore erexerit*, &c. Sug. Teſtam.

à Dieu dans l'abbaye de S. Denis. *Elia-mand* étoit le nom de ce vieillard obfcur: dès ce moment il rentre dans les ténèbres; il n'a fait qu'*apparoître* pour nous donner *Suger*.

La mifère ordonnoit cette confécration de l'enfance, plus fouvent que la piété ; elle étoit fréquente dans ces temps mal-heureux, quoiqu'elle entraînât pour les enfans l'effet involontaire des vœux ab-folus ; mais c'étoit un moyen de fe fouf-traire à l'efclavage , & de prendre part à l'opulence & à la confidération d'un état diftingué.

Le jeune Suger apporta dans cette mai-fon le germe précieux des grandes qua-lités qu'il a depuis développées dans le miniftère. Sa taille foible & fa complexion délicate, fembloient ne pouvoir réfifter à la fatigue de fon ame (a). On admiroit en

---

Quelque humbles que fuffent fes vertus, fes ennemis lui reprochoient la baffeffe de fa naiffance. *Miniftre fidèle.*

Le Préfident Hénaut applique fort heureufement à Suger le mot de *Tibère* fur un Romain de fon temps: *Curtius Rufus mihi videtur ex fe natus.*

(a) *Mirari libet quòd in tam brevi corpufculo talem natura collocaverit animum , tam formofum , tam magnum.* Vita Sugerii.

lui un efprit vif & ardent qui embraffoit tout, des manières infinuantes & affectueufes, qui font les indices d'un bon naturel, quand elles ne font pas les fignes étudiés d'une politeffe de convention, & une gaieté naïve, qui annonçoit une ame franche & fans reproche. Frappé d'un fi beau naturel, *Adam*, abbé de S. Denis, donna tous fes foins à l'éducation de ce jeune homme. Bientôt il eut pénétré les fciences de fon temps, & devancé celles qu'on ne cultivoit pas encore. Il n'y avoit alors aucune école où l'on enfeignât les fciences exactes & les belles-lettres; une fcience aride & ténébreufe, *la Scolaftique*, pire que la groffière ignorance, habitoit les cloîtres & les cathédrales. (N°. II.)

Suger eut le bon efprit de fentir le vide de cette fcience de mots ; &, dans un temps où elle menoit à la gloire & à la puiffance, il eut le courage de l'abandonner. Son cœur, porté à la fenfibilité, comme fon efprit l'étoit à la raifon, lui faifoit préférer ces études qui préfentent à l'obfervateur attentif toutes les faces de l'humanité, à l'homme fenfible toutes les émotions de l'ame. Les belles-lettres, qui adouciffent & décorent la vie, faifoient le charme de fa jeuneffe; les fictions de la poéfie & les preftiges de l'éloquence, l'enlevoient à la barbarie de fon fiècle (*a*), & le tranfportoient à ces temps heureux où le génie s'enflammoit par la liberté. Il conferva toujours ces premières impreffions; &, dans les derniers temps de fa vie, épuifé par les fatigues du gouvernement, & par les pratiques d'une *règle* dont il croyoit devoir l'exemple, il fe plaifoit encore à rappeler de longs paffages des anciens, depuis long - temps dépofés dans fa mémoire. Mais l'Hiftoire, ce vafte recueil des expériences de l'homme, fixoit particulièrement fon attention (*b*). Il parcouroit les fiècles & les pays; &, contemplant l'*uniformité* & la *variété* de l'efpèce humaine; l'uniformité

(*a*) *Erat illi hiftoriarum fumma notitia, ut quemcunque illi nominaffes Francorum Regem, vel Principem, ftatim ejus gefta inoffenfâ velocitate percurreret.* Vit. Sug.

(*b*) *Gentilium verò Poëtarum ob tenacem memoriam oblivifci ufquequaque non poterat, ut verfus Horatianos ufque ad vicenos, fæpè ad tricenos memoriter recitaret.* Vit. Sug.

dans l'inftinct de l'homme, dans fes paffions, dans fes befoins, dans fes intérêts;
la variété dans fes opinions, dans fes
goûts, dans fes habitudes; il cherchoit,
en rapprochant ces contradictions apparentes, à faifir le point invariable de la
raifon, qui eft la connoiffance des vrais
intérêts de l'humanité. La vertu fière de
l'ancienne Rome élevoit fon ame; mais
les vertus plus douces de la Grèce, plus
analogues à fon caractère, y faifoient auffi
plus d'impreffion; il y puifoit cet amour
ardent & défintéreffé du bien public,
cette paffion du beau moral, qui feule
pouvoit reproduire dans le onzième fiècle
l'ame des *Cimon* & des *Ariftides*. Mais,
lorfqu'après avoir contemplé la chaîne
des grands évènemens, médité les actions
des grands hommes, étudié la fuite de
leurs vues, de leurs projets, des obfta-
cles, des reffources & des conféquences,
il fut contraint de ramener fes yeux fur
les tableaux attriftans de l'hiftoire du
moyen âge, fur l'état miférable & hu-
milié de l'efpèce humaine au temps où
il vivoit, fon ame douce & noble dut fe

refferrer ; & , fe trouvant comme perdu dans cette foule d'efclaves & de tyrans, il fe retira dans cet afyle intérieur qu'il s'étoit formé : & c'eft fans doute à ce concours de circonftances qu'il faut attribuer le caractère concentré de *Suger*, dont l'ame étoit d'ailleurs fi douce & fi affectueufe. Différent tellement de fes contemporains par fes idées , par fes fentimens , par fes habitudes ; portant une ame antique dans des temps modernes , il dut s'accoutumer à ne mefurer fes actions que fur ce modèle qu'il renfermoit dans fon cœur , & à ne pas rechercher les vains applaudiffemens des hommes dont il ne prifoit pas l'opinion ; il fe vit réduit à dédaigner l'eftime publique, ce qui eft le dernier degré du vice, quand ce n'eft pas le plus fublime effort de la vertu.

L'ancienneté de l'abbaye de S. Denis, fa richeffe & fa puiffance lui donnoient alors une influence publique *. Les rois y tenoient leurs *affemblées*, ces grandes affifes nationales, feules occafions où le

---

* Hift. de l'Abbaye de S. Denis, par *D. Felibien.*

fantôme de la royauté parût encore avec quelque éclat. L'ufage étoit établi depuis (a) *Dagobert*, d'y élever les Fils de France ; & dans un temps où tout étoit fi féroce, fi ignorant, fi barbare, où les hommes & les livres étoient fi rares (b), c'étoit la meilleure éducation qu'ils puffent recevoir. Ils y prenoient quelque teinture des lettres, ils s'y accoutumoient à quelque efpèce d'ordre, ils y contractoient le refpect de la religion, feul frein qui pût contenir la puiffance dans un temps où la raifon étoit fi obfcurcie ; & dans ce monaftère, où l'on ne peut faire un pas fans fouler la cendre des rois, les impreffions phyfiques, fi puiffantes fur l'ame, leur répétoient à tout moment, que bientôt rendus à la pouffière, égaux, par leur néant, au commun

---

(a) *Ind. Reges, Principes, ceterique Nobiles ad difcendum Dei timorem cum litteris, liberos fuos Monachis intrà clauftra tradiderunt inftituendos.* Langius in Chronico Citizenfi.

(b) Les livres étoient fi rares, que *Grécie*, comteffe d'Anjou, acheta un recueil d'Homélies, deux cents brebis, un muid de froment, un de feigle, un de millet, & un certain nombre de peaux de mouton. *Voy. Abrég. Chronol.*

des hommes, ils n'en feroient plus diftin-
gués que dans les faftes de l'hiftoire, qui
ne permet pas aux mauvais rois de fe
réfugier dans l'oubli.

L'ordre de S. Benoît, fource & modèle
de toutes les inftitutions monaftiques,
jetoit alors un grand éclat dans l'Europe.
Dans les premiers fiècles, la piété com-
patiffante de ces folitaires avoit adouci
la férocité des barbares, leurs travaux
avoient défriché des provinces, leurs foins
avoient foutenu & confolé l'humanité fouf-
frante. Vers le dixième fiècle, fi la févérité de la difcipline s'étoit relâchée, fi
l'affluence des richeffes avoit amené le
goût du luxe & des jouiffances que la
perfection chrétienne fe refufe, au moins
leurs maifons étoient la retraite du pauvre;
leurs veilles avoient confervé les bons
livres en en multipliant les copies; ils
étoient l'afyle de tout ce qu'il y avoit
alors d'efprit & de connoiffances dans l'oc-
cident.

Le roi Philippe avoit dépofé dans ce
monaftère les plus chères efpérances du
royaume, cet enfant qui fut depuis *Louis*

le Gros *. Ce jeune prince, avec une figure agréable, un esprit ouvert & des manières nobles, avoit un cœur naturellement bon, & des inclinations vraiment royales. Son cœur parut s'élancer au devant de *Suger*, dont l'ame avoit tant d'analogie avec la sienne; il préféroit sa conversation à tous les plaisirs. C'étoit dans ces épanchemens secrets de deux ames jetées, par la nature, si loin l'une de l'autre, & si bizarrement rapprochées par la fortune, que le fils d'un esclave versoit dans le cœur du fils d'un roi des principes du bonheur public, & que l'héritier du trône se désignoit en secret le ministre qui devoit un jour renouveler la face du royaume. Choix heureux, qui assuroit au prince un ami, seul besoin de la royauté, & qui donnoit au peuple un administrateur indifférent sur sa propre grandeur, dont les talens ne s'étoient pas perdus dans l'oisive activité de l'intrigue, dont l'énergie ne s'étoit pas émoussée par l'humilité des sollicitations !

Suger passe rapidement des études aux

____

* Hist. littér. de la France, par D. Mabillon.

affaires. *Adam*, que sa qualité d'abbé de
S. Denis place dans le conseil du roi,
s'y fait accompagner & souvent suppléer
par son jeune élève; déja on le voit prieur
de *Berneval* & de *Toury*, prendre sa place
dans l'état politique au milieu des barons*.
Sa jeunesse éveille leur avidité. Un seigneur du *Puiset*, le plus entreprenant, le
plus redouté de tous, s'est flatté de le
dépouiller sans effort; Suger réunit tous
les barons, il leur fait invoquer la puissance royale, & le seigneur du Puiset suc-
combe, victime de l'autorité que Suger a
su présenter comme *la force bienfaisante*.
Ensuite il détermine le mariage de l'héritière de *Mont-Léry* avec le jeune Philippe, fils naturel du roi. Des forteresses
importantes, dont l'Histoire a conservé
les noms, & dont on rechercheroit en
vain la place aujourd'hui (*a*), furent cédées
au roi par ce traité. Il nous semble étrange
sans doute de placer parmi les hauts faits
de nos grands hommes, la réunion de

---

* Recueil de Duchesne, pag. 310, Tom. IV.
(*a*) Les forteresses de Châteaufort & de Rochefort.
Hæc tunc nomina erant, nunc sunt sine nomine terræ.

VIRG. Eneid.

quelques bourgades, où nous ne voyons plus que nos maifons de plaifance ; mais la raifon doit s'accoutumer à détacher les objets des noms qui les déguifent. Les dénominations les plus refpectables font comme les fignes des échanges qui, d'un fiècle à l'autre, fous le même titre, chan‑gent de poids & de valeur. Un Roi de France alors n'étoit que *le feigneur de l'Ile de France ;* & fes foibles poffeffions étoient encore féparées par les domaines des hauts barons, qui fembloient l'affaillir de toutes parts (*a*). Les feigneurs de Mont-Léry étoient les plus forts & les plus turbulens ; & le roi Philippe avoit coutume de dire, *que fes cheveux avoient blanchi des peines que lui caufoient ces feigneurs.* Dans un tel état de foibleffe, Suger, qui

------

(*a*) *Car, combien que Capet eût occupé le titre de Roi, dit Pafquier, fi n'en avoit-il prefque que le nom . . . . . . & il n'y avoit prefque ville de laquelle quelque gentilhomme de marque ne fe fût enfeigneurié ; chofe que le Roi nouvelle‑ment inftallé fut contraint de paffer par connivence . . . . il fit au moins mal qu'il put une paix avec tous les grands qui commencèrent dès-lors à le reconnoître feulement pour fouve‑rain, ne s'eftimant au demeurant guères moins en grandeur que lui.* Rech. de la Fr. Tom. 1, chap. 2, pag. 48.

avoit

avoit déja conçu le plan qu'il développa dans son ministère, sentit combien il importoit à la paix du royaume, de négocier des réunions & des mariages, qui ramenassent insensiblement dans la main du Roi un pouvoir qu'il vouloit bientôt arracher entièrement aux vassaux.

De nouveaux soins, de nouvelles affaires, agitoient incessamment l'ame de Suger, & le portoient tantôt en Italie, tantôt à la cour, ou dans les conciles, fréquens alors, ou dans les assemblées nationales. Il revenoit d'un de ces voyages d'Italie, quand il apprit la mort de son bienfaiteur l'abbé *Adam*, & en même temps l'élection unanime qui l'appeloit à le remplacer *. Des larmes sincères tombèrent de ses yeux, & l'éclat d'une puissance presque souveraine, ne put tempérer sa vive douleur; il perdoit l'homme à qui il devoit son existence publique, & le caractère de son esprit & la trempe de son ame, développés par une éducation tendre & attentive; le témoin & le com-

____

* *Vita Sugerii.*

B

pagnon d'une vie fans tache, dont il fe plaifoit à lui rapporter l'honneur; & d'ailleurs, fans aïeux & fans poftérité, libre d'ambition, indifférent fur la gloire, par-tout inattaquable à la fortune, fon cœur feul étoit refté à découvert. Cette plaie ne fe referma jamais; & Suger, au milieu de l'agitation des affaires, vécut toujours depuis dans la folitude de fa confcience.

La mort enlevoit en même temps le pape *Calixte*, qui l'appeloit au fecours du pontificat, & vouloit l'élever à la pourpre. L'abbé Suger pouvoit voir avec indifférence les grandeurs lui échapper; mais *Louis le Gros**, qui venoit de monter fur le trône, s'empreffa de l'élever au deffus des honneurs étrangers, & de le fixer près de lui en le nommant fon premier miniftre **.

Cette élévation fubite, fi fatale au commun des hommes, avoit achevé d'épurer l'ame de Suger : plein de l'enthoufiafme

---

* *Vita Lud. Groff.* Réc. de Duchefne, tom. IV, pag. 313.
** Dupin, XIIe fiècle, pag. 117.

du bien public, feule paffion des grands hommes, il devint étranger à tout le refte (a). Mais l'art de faire le bien eft celui qui demande le plus de ménagement & d'adreffe. L'homme vicieux trouve partout des inftrumens & des complices; il arme toutes les paffions, il sème la corruption autour de lui, & l'impoffibilité du retour à la vertu lui affure fes agens toujours prompts à le fervir & à le proclamer; & le petit nombre des gens de bien s'éloigne & fe difperfe en pleurant fur *le prince* & fur *la patrie*. Mais l'homme qui s'eft propofé de faire le bien dans la première place !...... quelle tâche immenfe ! Il lui faut encore plus de courage que de lumières ! Attaquer les abus, c'eft fe faire une foule d'ennemis; l'intérêt anime ceux qui y prenoient part; une confcience prévoyante éveille ceux qui ne font pas encore attaqués; une confédération fe forme contre l'ennemi commun; les vices

---

(a) *Abfentem hunc & longè pofitum ad regimen vocatum fuiffe nil tale fufpicantem, fed & acceffiffe invitum conftat.* Vit. Sug.

se liguent, la vertu isole, parce qu'elle se suffit; contrarié en secret, décrié en public, calomnié dans l'oreille du prince, souvent trahi dans sa propre confiance; si son ame & ses vues sont grandes, il doit, bravant la calomnie, tour à tour combattre & négocier avec le vice, employer les hommes comme des instrumens nécessaires, mais dont l'effet est prévu; &, méprisant les opinions & les clameurs contemporaines, jeter sa réputation dans l'avenir, comme cette plante qui ne fleurit qu'au bout d'un siècle, long-temps après que la main qui l'arrosoit est dessechée (a).

La conduite de Suger, mêlée de force & d'adresse, montre que ces réflexions ne lui furent pas étrangères. L'habitude des

------

(a) Les anciens ont cru que l'aloès ne fleurissoit que tous les cent ans. La physique nouvelle a détruit ce préjugé avec beaucoup d'autres.

Si j'avois à peindre d'un seul trait, un ministre, supérieur à son siècle, je le ferois par l'emblême d'une main plongeant dans l'eau un bâton, que *la réfraction* fait paroître brisé, & j'écrirois au bas: *Conscia recti.*

affaires lui avoit donné cette foupleſſe, cette flexibilité de l'eſprit, cet *art de vivre*, qui eſt celui d'entraîner les hommes par la conſidération de leurs vrais intéréts, ou par la féduction d'un ſentiment plus délicat; ſa candeur & ſa vertu achevoient d'enchaîner; il portoit dans la politique ce qui facilite & abrège les affaires, la confiance qui naît d'une intégrité reconnue.

Familiariſé avec l'Hiſtoire de tous les âges, l'ayant étudiée en homme d'Etat, il avoit vu comment les nations ſont modifiées par leurs lois; il avoit vu Rome & la Grèce altérer à-la-fois leurs mœurs & leur conſtitution; &, enviſageant l'état opprimé de l'eſpèce humaine dans le douzième ſiècle, le comparant avec le modèle qu'il ſe faiſoit d'un bon gouvernement, il apperçut évidemment les cauſes du déſordre dans le *gouvernement féodal.* (Nᵒ. III.)

En effet, dans le douzième ſiècle, les mœurs de l'Europe étoient incultes & ſauvages; ſix ſiècles n'avoient pu réparer les ruines de l'empire Romain étouffé ſous les Barbares, & faire refleurir les lois, les arts, les fciences & la liberté. Une cataftrophe auffi univerfelle a dû étendre au loin fon influence fur tous les fiècles qui la fuivront, elle fe fait fentir encore aujourd'hui. Ainfi, quand *le Véfuve* a couvert d'une lave brûlante les campagnes fécondes, des fiècles s'écoulent avant que ces maffes altérées par l'action des élémens, permettent à une foible végétation de reparoître à leur furface. Tout fut nouveau dans l'Europe avec les nouvelles nations; l'anarchie fondée fur les ruines de la monarchie univerfelle, le gouvernement féodal fubftitué à la police & aux lois Romaines qui furent alors perdues (*a*), chaque nation ne faifant qu'un peuple de foldats, la guerre étoit la feule profeffion; il n'y avoit ni commerce, ni lois

---

(*a*) Les Romains avoient établi dans les Gaules le *Code Théodofien*, publié vers l'an 435; il s'y perdit fur la fin de la feconde race.

Le *Code Juftinien*, publié en 529, & qu'on n'avoit jamais connu en deçà des Alpes, fut retrouvé dans la Poüille en 1137, & fervit de bafe à notre *Droit écrit*. Cujas a reftitué le code Théodofien, dont on ne fe fert aujourd'hui que pour le confulter.

écrites, ni arts, ni finances ; la terre, qui n'eſt fécondée que par les ſueurs de l'homme libre, donnoit à regret de chétives récoltes, ſouvent ravagées par les guerres particulières ; un peuple de ſerfs attachés à *la glèbe*, quelques hommes libres, ſoldats féroces & maîtres impérieux, formoient cette monarchie briſée en mille ſeigneuries ſouveraines ; nulle autorité, nulle force publique ; les *épreuves* & le *combat judiciaire* étoient toute la juriſprudence ; le *témoignage* formoit toute l'inſtruction, & le ſoin de juger & de combattre étoit remis dans les mêmes mains.

Telle eſt la maſſe des abus que Suger trouve en entrant dans le miniſtère. Le pouvoir exorbitant des vaſſaux, la nullité de l'autorité royale, l'aſſerviſſement du peuple, l'ambition du clergé, les entrepriſes du ſaint Siège, l'ignorance de tous ; *voilà les ennemis qu'il ſe propoſe de combattre :* rétablir le trône dans ſa dignité naturelle, placer les vaſſaux dans le rang de leur naiſſance & de leurs poſſeſſions, élever le ſerf à l'état d'homme, concentrer le clergé dans ſes droits civils & ſes devoirs religieux , refuſer aux pontifes Romains la puiſſance que le *Chriſt* ne leur a pas donnée , établir l'inſtruction pour fonder les lois ſur la raiſon , en un mot , *régénérer la nation , & créer une conſtitution ; tels furent ſes projets* (a).

(*a*) Le temps a détruit la plupart des monumens par leſquels nous pourrions établir les preuves de ce plan d'adminiſtration de Suger ; mais tous les hiſtoriens contemporains conviennent qu'il fut l'ami & le principal confident de *Louis le Gros.* Ils ajoutent que ſon crédit ſembla prendre plus de force encore ſous *Louis le Jeune.* Voilà les propres termes de l'hiſtorien : *Hunc propter magnifica & recta conſilia Princeps venerabatur ut patrem, verebatur ut Pædagogum : huic advenienti aſſurgebant Præſules, & inter illos primus reſidebat.*

Et ailleurs : *Vidi, Deo teſte, vidi aliquando huic in humili ſub pedaneo reſidenti Francorum Regem reverenter aſſiſtere, optimatum circumſtante coronâ , & hunc quaſi inferioribus præcepta dictantem,* il os verò *cum omni diligentiâ & intentione ad ea quæ dicebantur ſuſpenſos.* Nous ſommes donc fondés à joindre ces deux règnes dans une ſeule maſſe , que nous conſidérons , pour ainſi dire , comme le règne de *Suger ;* alors les faits parlent. Si l'on y voit un même eſprit tendant toujours au même but ; ſi l'on apperçoit une ſuite d'entrepriſes, qui aient pour objet de détruire d'anciens abus, au moins de les entamer ; ſi les lois & les actions des règnes ſuivans , forment un développement des actions & des lois de ce règne ; ſi le temps & les événemens qui avoient été préparés à ſon influence , ont achevé ce que la brièveté des jours de l'homme n'a permis à Suger que de commencer ;

Je ne crains point ici d'avilir la gloire du grand homme que je célèbre, ni les fonctions auguftes d'orateur de la patrie, fi je loue Suger d'avoir fu, dès fon entrée dans le miniftère, donner un caractère impofant à fon adminiftration, en fe conciliant par une conduite adroite les préjugés de la multitude, & le fuffrage de cet homme ardent qui dóminoit les peuples & les rois par fon empire fur les confciences. S. Bernard, que fon zèle bouillant a mis au deffus du fondateur même de cette réforme de *Cîteaux*, qu'il n'a fait qu'adopter (*a*), rempliffoit alors l'Europe de fes déclamations contre le relâchement des religieux de S. Benoît. Le rang diftingué que l'abbé de S. Denis tenoit dans les affemblées de la nation, fon fafte, fa puiffance, lui donnoient l'état

---

croira-t-on qu'un fi beau génie ait agi au hafard ? le trifte plaifir de ne voir rien de fupérieur à nous, l'emportera-t-il fur cette joie qui naît de la contemplation du beau ? & fommes-nous fi petits, qu'un grand homme nous paroiffe un géant ?

(*a*) Ce fut *Robert*, abbé de Molefme, qui, pour fe vouer à une plus haute perfection, fe retira dans la folitude de Cîteaux avec vingt réformés, qu'on a depuis nommés Bernardins.

d'un souverain *. L'abbaye de S. Denis , rendez-vous des troupes , séjour fréquent des rois qui cachoient leur foiblesse & leur pauvreté dans la richesse de ce monastère , siège ordinaire de la justice dans les assemblées nationales , ne conservoit de régulier que les noms ** , & les religieux s'y voyoient avec plaisir au milieu du monde qu'ils avoient quitté. Dans ces temps de licence & de grossiéreté , le faste d'un religieux puissant n'avoit rien qui choquât les mœurs publiques ; mais Suger avoit senti qu'un ministre qui alloit réduire toutes les usurpations , combattre tous les intérêts & toutes les passions , devoit paroître lui-même sans passions & sans foiblesses , & comme *signé* d'un caractère céleste. Il saisit donc , pour la révolution importante qu'il méditoit , l'occasion d'un écrit violent que Bernard venoit de répandre dans le monde *** ; il re-

* *Guillaum. de Nangis , an* 1113.

** *Epis.* 18. *sancti Bernardi ad Sugerium abbatem. Manriquez , Historia sancti Bernardi.*

*** *Voy.* l'Apologie de la Réforme , adressée à Guill. de S. Thierry , abbé de Cluny.

nonça tout-à-coup à cette magnificence qui l'avoit diftingué dans fes ambaffades & fes fonctions publiques ; la règle reparut à S. Denis dans toute fa févérité , & Suger fe montra le premier dans cette réforme. Bernard appela cette fageffe une converfion ; il célébra le Miniftre comme un faint ; & l'orgueil des Grands , vaincu par leur fuperftition, rendit à la fimplicité de Suger, ce que fon génie feul n'en auroit pas obtenu : il devint l'arbitre de leurs différends avec le Roi , & le prince fortifioit fon autorité du refpect qu'on avoit pour fon Miniftre.

Cette déférence pour l'opinion du peuple, n'a point altéré les principes de Suger : bientôt on le voit déployer toute la hauteur du miniftère, & montrer au clergé & à la cour Romaine une fermeté inconnue jufqu'alors *. L'archevêque de Reims refufoit de recevoir du Roi l'inveftiture ; il s'autorifoit de la difcipline du premier concile de Clermont **, qui n'a point été

---

* Variations de la Monarchie Françoife, tom. II, p. 343.
** *Epift. Yvonis Carnot, Epifcop. ad Pafcalem papam.*

reçu en France. Cette querelle des inveftitures mettoit alors toute l'Allemagne en
feu; &, à l'exemple des prélats Allemands,
les évêques de France paroiffoient vouloir
fe réunir contre l'autorité. Le Miniftre force
l'archevêque de Reims à la foumiffion, &
fait faifir le *temporel* de l'archevêque de Sens
& de l'évêque de Paris, qui étoient les
plus factieux. Ce dernier ofa excommunier le Roi ; mais le Pape n'ofa confirmer
cet attentat, quoique Bernard, entraîné
par fon idée favorite du defpotifme de
l'Eglife, écrivît au pontife *que le Roi étoit
un perfécuteur*, qui en vouloit moins aux
prélats de fon royaume, qu'à l'efprit de Dieu
qui les anime.* (N°. IV.)

Mais pendant que Suger enchaînoit ainfi
le fanatifme, il ne négligeoit pas d'en
diriger les efforts contre les ennemis du
royaume. C'eft ainfi que, dans le concile
de Reims, il oppofe à l'empereur Henri V,
gendre & allié du roi d'Angleterre, cette
même querelle des inveftitures dont il
vient de triompher, & les foudres du

---

* *Epift. 13 & 14 fancti Bernardi ad Honorium papam.*

Vatican, si puissantes alors par l'opinion.
L'Empereur entre en Champagne à la tête
d'une armée nombreuse ; le Roi marche à
lui avec les vassaux réunis, & deux cents
mille hommes en armes. L'Empereur effrayé se retire. Le suivre dans cette retraite,
ou tourner ses armes redoutables contre
l'Anglois, si remuant & si indompté, sont
les deux alternatives qu'offre naturellement la politique : quel parti prendra le
Ministre ? N'oublions pas le siècle où nous
sommes transportés par l'Histoire , cette
multitude d'Etats renfermés dans l'*Etat*,
& l'hydre des intérêts particuliers toujours
opposé à l'intérêt public. On distinguoit
alors la guerre du Roi & celle du royaume :
l'invasion de l'ennemi étranger avoit réuni
contre lui tous les efforts ; mais la ruine du
plus puissant des vassaux étoit une entreprise
qu'aucun *baron* ne vouloit favoriser : l'ennemi échappe à la vengeance. *Suger* com-
prit combien il étoit important d'assurer
au Roi une armée dont il pût disposer ; &
il ne tarda pas, en donnant aux villes des
privilèges & une *municipalité*, à les obli-
ger de fournir au Prince un contingent

réglé de troupes. C'eſt le germe de cette inſtitution de Charles VII, qui, le premier, entretint conſtamment une *armée royale*.

L'Allemagne, la Flandre & l'Angleterre deviennent le théâtre des guerres actives que *Suger* fait aux vaſſaux rebelles & à leurs alliés. Il tente de donner aux Flamands un comte qui aura le droit de réclamer la Normandie ſur le roi d'Angleterre; en même temps il encourage le *comte de Boulogne* à diſputer l'Angleterre, même à la maiſon *de Plantagenet*; & il diviſe toute l'Allemagne pour donner un ſucceſſeur à l'empereur *Henri V* (*a*). L'art des négociations étoit encore ignoré, les Etats reſtoient iſolés & ſans rapports connus; & déja *Suger* remplit & ébranle toute l'Europe par les reſſorts ſecrets de ſa politique. Malheur à l'orateur inſenſible, qui conſacreroit par des louanges ſacri-

---

(*a*) Suger s'étoit rendu exprès à *Mayence*, où la diète, au nombre de plus de ſoixante mille perſonnes, étant fort partagée, il eut le crédit de faire nommer dix commiſſaires, qui élurent *Lothaire*, *duc de Saxe*. *Voyez* Annales de l'Empire, tom. I, pag. 195.

lèges les fureurs ou les perfidies *de ces pasteurs des peuples*, qui s'en montrent les bourreaux ! Que sa mémoire périsse ! ou plutôt qu'elle passe avec celle de son héros à l'exécration des siècles ! Mais si les corps politiques, pour arriver à la perfection que leur destine la nature, ont besoin de ces crises violentes qui développent leurs principes, & qui tendent à l'établissement de l'ordre, ne confondons point la marche sûre & ferme du génie qui soutient l'Etat dans ces convulsions, avec ces détours obscurs d'une politique étroite & criminelle, qui ne tend, par les malheurs publics, qu'à la satisfaction des passions particulières. Si, pour assurer le calme & la paix dans le centre du royaume, *Suger* est contraint de repousser aux extrémités les tempêtes & les orages ; si ce n'est qu'à regret que cette ame tendre & sublime brise les efforts qu'opposent à l'autorité légitime des passions indomptables ; enfin, si cette administration courageuse avance de plusieurs siècles la perfection de l'état social, & prépare de loin ces jours de paix & de lumière qui vont se lever pour notre postérité, *Suger* est justifié : le mal sortit de la nature des choses, le bien fut le fruit de son génie, & nous devons à sa mémoire des acclamations éternelles.

L'administration intérieure ne laisse plus de doute sur les vues du Ministre *. L'ordre se rétablit par-tout ; une justice régulière commence à prononcer des jugemens ; on voit dans les provinces des envoyés royaux qui établissent l'appel des *cours de baronnage* aux grandes affises du Roi : c'est l'origine des quatre grands bailliages créés par Louis IX ; on retrouve l'esprit de *Suger* dans toute la législation *des Etablissemens de S. Louis* ; on le retrouve dans les édits de *Philippe le Bel*, dont l'un substitue les *apanages* aux *démembremens* ; l'autre, fixant l'état & la résidence des *Parlemens*, détermine les formes actuelles de notre jurisprudence. *L'affranchissement des serfs* (a), & l'éta-

---

* Variations de la Monarch. Franç. tom. 2, pag. 346.
Mézeray, Abrég. Histor.
Velly, Hist. de France, tom. 3, &c.
(a) Ce fut dans une abbaye de son ordre, que Suger commença cet essai politique. Les serfs de S. *Maur des*

blissement

bliſſement des *Communes*, auroient ſuffi
ſeuls à l'illuſtration d'un règne. Ces inſti-
tutions affermies par le temps, ont permis
au *roi Jean* de conſommer les affranchiſ-
ſemens, & à Charles VII *d'affranchir la
royauté même* par l'inſtitution des *troupes
réglées*. Mais n'eſt-ce pas *Suger* qui forma
le premier une armée royale ? Et quand
l'humanité en pleurs tournera ſes yeux
vers le *bienfaiteur des hommes*, qui, le
premier depuis les Romains, prononça
en Europe le mot de *liberté*, la voix de
l'Hiſtoire répétera le nom de *Suger !*

C'eſt dans cet accroiſſement de puiſſance que *Philippe - Auguſte* trouvera la
force de reconquérir la *Normandie* & les
plus belles provinces du royaume, & de
faire aſſeoir un moment ſur le trône d'Angleterre, ce fils de France qui ſera père
de S. Louis : il reſtera peu ſur ce trône,
mais ſon paſſage y laiſſera des traces éter-

Foſſés obtinrent la permiſſion de témoigner en juſtice, &
de ſoutenir leur témoignage par le combat. *Lettres-Paten-
tes, an* 1118 — 1128.

Il engagea enſuite l'évêque & le chapitre de Chartres à
ſuivre cet exemple, qui s'établit ainſi de proche en proche.

nelles (*a*) ; *Henri* n'y pourra remonter,
qu'en rendant aux Anglois cette grande
charte qui fonde leur liberté, tombée en
désuétude sous *Edouard le Confesseur**, &
relevée alors par la faveur des temps **.
Ainsi le génie d'un seul homme presse en
tout sens sur la postérité.

Cependant la santé du Roi décline sen-
siblement. Un usage sacré n'avoit point
encore appelé exclusivement à la succession paternelle *l'aîné des Fils de France* ;
un ancien capitulaire (*b*) autorisoit l'élection dans la famille royale, & les premiers
successeurs de *Capet* n'avoient prévenu les
guerres inséparables de cette élection,
qu'en associant leur fils aîné à la couronne. *Suger*, à qui le bien public ne

---

(*a*) Louis VIII, dit le Lyon, chassa *Jean-sans-Terre*, &
régna en Angleterre jusqu'à la mort de ce tyran ; alors
le peuple eut pitié du fils, qui régna sous le nom de
Henri III.

* En 1040.

** En 1213.

(*b*) *Si decedens legitimos filios reliquerit, non inter eos
potestas ipsa dividatur, sed potiùs Populus pariter conveniens
unum ex eis quem Dominus voluerit eligat.* Cap. Div. Lud.
Pii, imp. art. IV, Baluze, tom. I, an. 806. *ibid.* an. 817.

laisse point de repos, voit les suites af-
freuses que peut entraîner la vacance du
trône. Jamais peut-être le devoir *du Ministre* ne coûta tant *à l'homme*; il recueille
ses forces, & va porter au Roi ces paroles
de deuil & d'effroi; il ose annoncer à son
maître, à son *ami, que la mort du Roi est
sa dernière fonction publique.* Il propose en
même temps le mariage de *l'héritière de
Guyenne* pour le jeune prince; c'étoit
réunir au royaume une province qui
l'égaloit en puissance. *Louis le Gros* ap-
prouve toutes les vues de son Ministre;
il veut, pour ajouter encore à la solem-
nité, que son successeur soit sacré par le
Pape même, qui tenoit un concile à
Reims. Au milieu des fêtes du mariage,
on apprend *en Guyenne* la mort du Roi.
Suger n'a point reçu son dernier soupir,
mais leurs cœurs s'entendent; & quand à
ses derniers momens le Prince éloigne
de lui l'ancien ami de sa jeunesse, le Ministre comprend qu'il l'a *légué* à son fils
avec la couronne; son cœur s'y voue tout
entier, & *Louis le Jeune* ne sera plus pour
lui que *l'image de Louis le Gros.*

Il y trouve la même confiance ; le Prince feul a changé, le gouvernement eft refté le même.

Mais, tandis que l'abbé Suger fuivoit avec tant de conftance & de courage le plan qu'il s'étoit tracé, tandis qu'il réformoit & fimplifioit la légiflation par des modifications imperceptibles, dont le temps devoit développer l'effet ; qu'il enchaînoit les ennemis du gouvernement, & détruifoit les uns par les autres les ennemis de l'Etat, un mouvement général dans tous les efprits, une fermentation immenfe, annonçoit une de ces grandes crifes de l'efprit humain, dont l'effet eft d'amener des révolutions inattendues, & de changer la politique univerfelle. La fureur des Croifades enivroit alors les nations de l'Europe. L'ignorance groffière & crédule, le fanatifme ardent & chevalerefque, la piété fuperftitieufe & craintive ; l'avarice jointe à la licence pour le peuple, l'orgueil des papes, l'inquiétude de l'autorité dans les fouverains, un mot *des Ecritures*, qui avoit fermenté pendant mille ans, & qui mettoit tous ces principés en activité (*a*) ; toutes ces circonſtances réunies & accumulées doivent faire conſidérer *les Croiſades* comme une de ces maladies néceſſaires de la raiſon humaine, comme un effet inévitable de l'enchaînement ſucceſſif des évènemens. Ainſi, quand des combinaiſons aveugles ont préparé un volcan dans l'intérieur de la terre, l'homme ignorant & épouvanté attribue à quelque intelligence ſupérieure & terrible, l'effet néceſſaire du mécaniſme même de la nature. (N°. V.)

L'opinion que le monde devoit durer mille ans, fit que ſa deſtruction fut généralement attendue * à la fin du *dixième ſiècle* (*b*). *Le Chriſt* devoit paroître dans *la*

(*a*) Je vis deſcendre du ciel un Ange .. ; il prit le Diable *& l'enchaîna pour mille ans*, afin qu'il ne ſéduisît plus les nations, juſqu'à ce que les mille ans ſoient accomplis : *après quoi il doit être délié*, &c. S. Jean, *Révél. XX, cap.* 2, 3, 4.

* Bouquet, Recueil des Hiſtor. de France, *Tom. X, & l'Introd. à l'Hiſt. de Charles V.*

(*b*) La fin du monde & la venue de l'*Antechriſt* étoient alors l'opinion dominante ; S. Norbert prétendoit en avoir été inſtruit par une révélation particulière. *Epiſt. ſancti Bernardi ad Carnotenſem Epiſcopum.*

Baronius rapporte qu'il y eut des moines qui la prê-

Terre sainte pour juger les hommes. Il y eut un concours immenſe de gens qui abandonnoient leurs biens pour courir achever, dans de ſaints pélerinages, une carrière que l'arrivée du *grand Juge* alloit terminer. La vue des ſaints lieux profanés par les infidèles, & les récits exagérés de ces pieux voyageurs, durent faire un grand effet dans un temps & chez des peuples dont la foi étoit vive, l'ignorance profonde, les mœurs guerrières ; dans un ſiècle où tout ſe décidoit par l'épée, où Dieu lui-même ſembloit intervenir dans les jugemens. Les dangers diſparoiſſent devant le courage inſtruit à tout braver ; les obſtacles s'évanouiſſent devant la ſuperſtition qui promet des miracles. L'Empereur Grec demandoit des ſecours contre les *Turcomans*, qui, après avoir détruit les *Califes*, menaçoient le trône de

___

chèrent, & des fanatiques qui les crurent, & qui donnèrent tous leurs biens aux monaſtères. *Baronius, an.* 1126 *&* 1208.

Pluſieurs Chartes écrites vers la fin du Xᵉ. ſiècle, commencent ainſi : *Appropinquante mundi termino*, &c.

Hiſt. du Languedoc, *tom.* 2, *preuves. Introd. à l'Hiſt. de Charles V.*

Conſtantinople. Les Papes favoriſèrent des entrepriſes qui les mettoient réellement à la tête de la chrétienté, & qui éloignoient de l'Italie l'Empereur & tous les Princes. Dans ces temps barbares, preſque tous les hommes puiſſans avoient quelque atrocité à expier ; & d'ailleurs, la plupart des hommes aiment les entrepriſes haſardeuſes : il y avoit des couronnes à conquérir ; l'expérience apprend que l'imagination s'enflamme pour des chances plus combinées. A la ſuperſtition, à l'ambition, au goût des haſards, ajoutez la licence donnée aux moines de quitter leurs cloîtres, aux époux d'abandonner des nœuds faſtidieux, pour ſuivre, à l'abri des indulgences, des paſſions criminelles & tolérées ; la liberté accordée aux gens obérés de fuir leurs créanciers, & tout intérêt ſuſpendu dans l'intervalle ; enſuite cette inflammabilité de l'eſprit humain, qui étend rapidement à toute une nation, & même à pluſieurs, ce qui a pris, dans quelques têtes, la forme contagieuſe de *mode.* Ce dernier effet fut tel, que quiconque ne prenoit point la croix, recevoit, de la démence publique, un symbole de sa pusillanimité *. L'autorité s'y joignit ensuite ; & les souverains, qui apperçurent bientôt dans l'éloignement des vassaux les plus turbulens, le moyen d'accroître leur puissance , les contraignirent à s'enrôler sous la bannière générale de la religion. Ainsi toutes les passions, toutes les foiblesses, tous les intérêts , tous les préjugés , concouroient à favoriser cette révolution générale.

Les Rois de France n'avoient point pris de part à la première de ces romanesques expéditions ; & *Suger*, qui avoit vu en homme d'Etat ce que les succès de *Godefroy de Bouillon* avoient coûté à l'Europe, desiroit vivement que le Roi laissât *l'Empereur & le roi d'Angleterre* dissiper leurs forces & leurs projets dans ces conquêtes ruineuses, & suivît constamment son plan d'assujettir les vassaux ; mais la jeunesse du Prince, & l'égarement de son cœur troublé par un crime, balancèrent le crédit de son Ministre. Dans une campagne contre *Thi-*

---

* *Une quenouille. Guill. de Tyr. ap. Bongars* , vol. II ; & Vie de S. Bernard, par Villefore , édit. *in-*4°.

bault, comte de Champagne, le Roi, irrité des fréquentes révoltes de ce vaffal, avoit furpris la ville de *Vitry*, & dans la violence de fa colère il avoit brûlé une églife, où périrent miférablement deux cents perfonnes. Bientôt rendu à lui-même, il ne fe put confoler de cette barbarie ; & l'expédition fainte, dont le cri général étoit *Dieu le veut*, lui parut la feule expiation d'un crime qui le rendoit odieux à fa propre confcience. Cependant l'influence, ou, pour mieux dire, l'autorité du vieux *Suger*, qui, blanchi dans le fanctuaire & dans le confeil, prêtre fans fanatifme & miniftre fans paffion, fembloit une intelligence déja libre des liens terreftres ; cette autorité l'eût convaincu du faux emploi de fa pénitence, fi l'ivreffe & la clameur générale n'euffent étouffé la voix du fage.

Le pape *Eugène*, ancien moine de Clairvaux, fouhaitoit avec paffion que le Roi prît part à l'expédition fainte ; & il avoit chargé de ce qu'on appeloit les intérêts de Dieu, *Bernard*, *abbé de Clairvaux*. (Nº. VI.) Cet homme extraordinaire avoit été placé par les circonftances pour être apôtre , comme Suger pour être homme d'Etat. Sa naiſſance , ſon zèle , ſon auſtérité dans le temps des fiefs & de la foi groſſière , devoient en faire l'arbitre de ſon ſiècle ; dans tous les temps peut-être ſon enthouſiaſme en auroit fait l'oracle de la multitude. Une imagination ardente , échauffée par des lectures religieuſes , l'avoit arraché au monde ; mais cette même inquiétude de l'eſprit l'arrachoit à ſon déſert : on le voyoit au milieu des conciles , à la cour des rois & des papes , ſans titre , ſans caractère , ſans autorité , inſpirer, gouverner, réformer toutes les puiſſances : rappelé dans ſon monaſtère , du fond de ſa cellule il agitoit toute l'Europe , créoit & dépoſoit des papes , influoit dans l'élection des évêques , ſe rendoit le médiateur des rois & des princes , ordonnoit aux ſouverains la pénitence ſi difficile à perſuader. Entraîné par la fougue de ſon ame , il prit la violence de ſon amour-propre pour le feu de la charité ; & prophète , apôtre , inſpiré , il crut être humble , parce qu'il ne voulut être ni pontife ni évêque.

Tel étoit l'homme qui fut chargé d'embraser les esprits de toute l'Europe. On le vit parcourant l'Allemagne & la France, écrivant aux peuples de la Suabe & de la Bavière, comme *Paul* avoit écrit à ceux de *Corinthe* & de *Theffalonique*, allumant le fanatifme & le feu de la guerre, & femant les miracles & les révélations avec une telle profufion, que fon fecrétaire, dit l'Hiftorien Efpagnol, avoit peine à les écrire*. Auffi cette frénéfie parvint à un tel excès, que les idées de la Terre-Sainte réveillant celles de la paffion & de la mort du *Chrift*, il fe trouva des enthoufiaftes qui prêchèrent le maffacre *des Juifs*, & il y en eut une multitude d'égorgés en Allemagne. Bernard courut éteindre l'incendie qu'il avoit allumé, & il n'y réuffit qu'avec une peine extrême : tant il eft dangereux d'émouvoir l'imagination de la multitude ! enfuite il fe hâta d'arriver à *Vézelay*, où étoit indiquée l'affemblée générale de la nation.

On n'avoit jamais vu un tel concours

---

* *Manriquez*, Vit. S. Bernadi, cap. IV.

de *Barons* & de *Prélats* *, ni une telle affluence de fpeftateurs ; l'affemblée ne put
fe former qu'en pleine campagne : elle
alloit décider de cette guerre que le Roi
feul ne pouvoit entreprendre. Un tel motif,
un tel auditoire, animèrent encore l'imagination exaltée de Bernard ; jamais fon
éloquence n'avoit été fi brûlante. En vain
Suger repréfentoit au prince à quel
danger fon abfence livreroit le royaume,
les infultes de l'étranger, les troubles de
l'intérieur : l'ardent orateur enflamme
tellement les efprits , que le Roi, tout-
à-coup faifi d'enthoufiafme, fe jette à fes
pieds pour recevoir la croix (*a*) ; la Reine
l'imite, les Princes, les Grands : l'enthoufiafme gagne & fe propage ; le fpeftacle
ajoute encore à l'ivreffe de l'imagination (*b*). On ne voit plus que des larmes ;

* Mézeray abrégé, tom. 1. Velly, Hift. de Franc.
tom. 2. *Hiftor. Lud. VII*, dans le Rec. de Duchefne, tom. 4.
An. 1147.

(*a*) . . . . *Et quid facundia poffet*
Re patuit , fortifque viri tulit arma difertus.

(*b*) Cette obfervation aura toute fa force, fi on fait
attention que, dans une grande plaine, il y avoit fûre-
ment peu de fpeftateurs qui entendiffent l'orateur. C'eft

on n'entend que des fanglots & des milliers de voix qui répètent le cri de guerre, *Dieu le veut ! Dieu le veut !* Les croix bénies ne peuvent fuffire ; Bernard déchire fes vêtemens pour en faire : chacun l'imite. Il fembloit qu'une fureur générale eût faifi toute la nation, où il n'y avoit plus qu'un homme fage. Bientôt cette démence gagne les provinces ; les bénédictions, les indulgences de Rome fouffloient l'incendie : de l'aveu même de S. Bernard *, il y eut des bourgades entières où il ne refta que des femmes. Chofe étonnante ! la plus haute fageffe fe montra prefqu'à l'inftant à côté de la plus grande folie ; une voix unanime nomma *Suger* Régent du royaume. Dans les grands élans des paffions violentes, toutes les paffions fubalternes fe taifent, & l'homme fe montre jufte. Perfonne ne réclama, perfonne ne

---

par les yeux, plus que par l'oreille, qu'on entre dans le cœur de la multitude ; & l'abbé Velly a remarqué, d'après M. de Voltaire, & fans le citer, que Bernard, quoiqu'il prêchât auffi les Allemands en françois, ne les couvainquoit pas moins. *Hift. tom. 3, pag.* 122.

* Bern. Epp. paffim.

s'oppofa que *Suger* lui-même, qui fentoit le poids de cette adminiftration difficile; mais il ne put réfifter aux inftances du Roi, à celles du pape; & il fe flatta qu'il diminueroit les effets d'un mal qu'il ne pouvoit empêcher, le pape ajoutant à fon autorité le pouvoir d'excommunier ceux qui troubleroient la paix de l'Etat (*a*).

En effet, la régence de *Suger* eft telle qu'on a dû l'attendre de fon miniftère. Sans violence, fans excès de févérité, il arrête le brigandage de ceux qui veulent profiter des circonftances pour piller & caufer des défordres. Il conferve les droits du roi fans bleffer ceux d'aucun particulier; il maintient fcrupuleufement les privilèges de la couronne contre le fiège de Rome; il fait rendre exactement la juftice,

------

(*a*) *Factum eft divinitatis inftinctu, ut omnium unanimis in hunc virum gloriofum conveniret fententia, invitumque illum & fatis renitentem reipublicæ adminiftrationem & curam fufcipere compulerunt, quàm ille dignitatem quia onus effe potiùs quàm honorem judicabat, quantùm fas fuit recufavit…. donec ab Eugenio Papâ tandem coactus, … gemino accinctus gladio, altero materiali regio, altero fpirituali à fummo Pontifice, &c.* Vita Sug.

& préside aux assemblées nationales. Aucune prétention nouvelle n'est accueillie, aucun droit ancien n'est perdu ; mais aucun impôt, aucune extension n'avertissent le peuple de l'absence du prince, & des frais immenses de son expédition. Cependant les places sont entretenues, les maisons royales sont en bon état, tout respire l'ordre & la tranquillité de la paix. Les revenus de l'abbaye de S. Denis suppléent au vide des coffres du Roi (a) ; & *Suger*, en reversant sur le public les trésors que son ordre tient de la charité des fidèles, croit rendre à la nation le dépôt confié par les ancêtres.

Le bonheur & le repos public auroient suffi à la satisfaction d'un ministre ordinaire ; mais l'homme de génie embrasse des siècles dans sa vaste existence. Contemporain de tous les âges, présent par l'Histoire aux événemens des temps

____

(a) *Quæ omnia constat illum propriâ potiùs munificentiâ tribuisse, quàm de regis ærario ; nam omnem pecuniam quæ de fiscis solvebatur regiis, peregrinanti Regi aut transmisit, aut reservavit, cogitans longè posito plurima necessaria, & ut quæ reservarentur regressô, non forè superflua.* Vit. Sug.

reculés, il domine, par la hauteur de fes idées, fur l'horizon immenfe de l'avenir & du paffé, & le moment préfent reçoit en s'envolant les germes précieux qu'il confie à la nature & au temps.

Suger avoit fondé une légiflation nouvelle, mais il reftoit à faire des hommes dignes de s'y foumettre. L'ignorance convient à la fervitude, les lumières devenoient néceffaires à la liberté ; elles préparent les mœurs qui rendent les loix inutiles & facrées. Le foin d'établir l'inftruction publique devint donc fon objet principal. Les écoles des églifes étoient prefque tombées par les défordres & les ravages des derniers temps ; il ne reftoit plus de traces de l'école du palais, inftituée par *Charlemagne* : *Suger* voulut renouveler & étendre les anciens établiffemens. A la fcolaftique qu'on enfeignoit dans les églifes, il fubftitua l'univerfalité des fciences alors connues. La cathédrale de Paris, & l'abbaye de S. Victor fondée par Louis le Gros, furent fes deux principales écoles, & *P. Lombard*, le principal inftrument de fes fpéculations politiques à cet égard. Le temps perfectionna ses vues ; & quand la Reine, épouse de *Philippe le Bel*, eut fondé un collège *, & que cet exemple eut amené quelques autres fondations pareilles, ces maisons se réunirent en un corps qui prit le nom d'*Université*, du plan même & de l'objet de son institution, qui étoit la science universelle (*a*).

---

*Le collège de Navarre.

(*a*) «Mon opinion est, que cette université commença de jeter ses premières racines sous *Louis VII.* Suger y employa *P. Lombard, évêque de Paris*.... Cela ne s'est pas fait tout d'un coup, non plus que le parlement... *Charlemagne* avoit établi une école dans le palais, & avoit encouragé celles des monastères. Louis le Débonnaire y donna la même protection ; mais les guerres & le mauvais gouvernement ruinèrent ces établissemens comme le reste. Suger a renoüvelé... Les principaux établissemens furent la Cathédrale & S. Victor. Ces chanoines commencèrent dès-lors *cette belle bibliothèque*, tant enrichie de livres rares, & si célébrée par nos anciens : ni pour tout cela n'étoit lors l'université formée ; c'étoit un embryon que l'église de Paris portoit dans son sein. *P. Lombard* en fut le premier auteur, aussi l'université lui fait un anniversaire en l'église *S. Marcel.*» *Pasquier. Rech. sur la France, liv. 3,* chap. 29, pag. 274. Voy. aussi *le Plaid. contre les Jésuites, en 1564, pour l'université.* Fondateur de l'université de Paris, l'abbé Suger songea si peu à y attacher sa gloire, que bientôt l'auteur de ce bienfait fut oublié ; & l'ambition de ce

D

Cette création des fciences auroit été incomplette, fi *Suger* n'eût porté en même temps fon attention fur l'Hiftoire nationale. Qui connoiffoit mieux que lui l'importance de ces archives de l'humanité ! dépôt précieux où la juftice des fiècles flétrit le tyran heureux, venge le heros opprimé, où l'ame des grands hommes vit & refpire toute entière, &, fe communiquant par un tact invifible, appelle fur leurs traces ceux qui font dignes de les admirer & de les fuivre. Depuis Charlemagne, le défordre général avoit tout infecté ; comme il n'y avoit prefque plus de monarchie, il n'y avoit plus de corps d'hiftoire nationale. Les annales des trois derniers fiècles étoient difperfées dans des lambeaux faits au hafard, dans des chroniques sèches & abrégées. *Suger* raffembla ces monumens épars ; une faine critique rapprocha, difcuta, éclaircit ces pièces

---

corps ofa, dans des temps de trouble, faire remonter jufqu'à *Charlemagne* fes prétentions & fes droits. *Duboulay* eft de ce fentiment dans *l'Hift. de l'univerfité* ; mais il eft contredit par tous les auteurs. V. *Mabill. act. Bened. tom. V, Traité des Ecoles de Cl. Jolly. Loyfel. Hift. littér. de la France, tom. VIII & X ; l'abbé Lebeuf, differt.*

défunies; & il forma cette grande compilation historique connue sous le nom des Chroniques de S. Denis *. Ces Chroniques sont restées la base de notre ancienne Histoire, & un dépôt public de vérité qui fixa souvent les plus grandes questions. Supérieur à son siècle dans les lettres comme dans l'administration, Suger écrivit la vie de Louis le Gros & le commencement de celle de Louis le Jeune, d'une plume que n'auroient pas désavouée des siècles plus éclairés. Il renouveloit ces temps antiques, où de grands hommes faisoient de grandes choses, & les écrivoient avec simplicité.

L'économie de son administration étoit si exacte, qu'il put encore subvenir aux frais de la reconstruction de son église, & qu'il se fit un devoir de l'enrichir des plus précieux ornemens **. On l'y voyoit pratiquant lui-même les observances de sa règle comme le dernier cénobite; simple dans son habit, simple dans sa

---

* Voyez les Mémoires de l'Acad. des Inscript. tom. 15.
** Suger, de rebus in administrat. suâ gestis.

D ij

parole, & feulement remarquable par les
refpects qui le pourfuivoient (*a*).

Suger avoit, en l'abfence du roi,
affemblé deux conciles pour juger *Arnaud
de Breffe & Gilbert de la Porée*, qui débi-
toient quelques fubtilités métaphyfiques
fur l'effence de Dieu. Cette difpute peu
importante aujourd'hui, eft remarquable
par la fermeté avec laquelle *Suger* fou-
tint les droits de l'églife gallicane ; car, les
cardinaux s'étant levés en difant, *Nous
avons entendu, demain nous jugerons*, l'abbé
de S. Denis fe hâta de dreffer avec S. Bernard la profeffion de foi de l'églife de
France, & la fit figner au pape, puis pu-
blier fans attendre la décifion du *facré
collège.* *

L'expédition avoit eu le fort qu'elle

(*a*) Il n'y a point de titres que ne lui prodiguaffent les
prélats & les grands. Un évêque d'Orléans lui écrit avec
le titre d'Alteffe ; S. Bernard, fi ennemi du fafte & des
prétentions d'autrui, le traite de Grandeur, d'Excellence
& de Prince ¶ : le comte de Vermandois, prince du fang,
lui donne dans une lettre le titre de *Monfeigneur* ¶¶.

* D. Delanes, pontificat d'Eugène III.

¶ *Voy.* les Epît. 3, 16, 70, 72.
¶¶ *Vita Sug. lib.* 3, n°. 2.

devoit avoir : une multitude menée dans des pays inconnus, fans difcipline, fans ordre, fans prévoyance, fans munitions, périt en grande partie avant d'être arrivée. *L'Empereur Grec*, plus effrayé de fes alliés que de fes ennemis (*a*), fe rappela les défordres & les invafions des Normands en France, & les déluges du *nord* toujours redoutables au *midi*. Il s'efforça de détruire ces hôtes fufpects. La trahifon des Grecs, la difette, le climat, l'héroïfme indifcret, laifsèrent peu de chofe à faire à l'épée de l'ennemi : le Roi courut les plus grands dangers (*b*). Mais le plus grand malheur de la France, celui dont elle a fouffert pendant deux fiècles, c'eft le mécontentement que prit le roi de la conduite d'*Eléonore* ; il voulut dès-lors la

---

(*a*) La crainte d'Alexis Comnène n'étoit pas fans fondement. Les ravages des Normands étoient encore nouveaux ; les Normands de Sicile l'avoient attaqué jufques dans la Thrace ; ils avoient enlevé à fes prédéceffeurs la *Pouille*, la *Calabre*, la *Sicile* ; & quelques-uns d'eux avoient marqué le deffein de s'emparer de la *Grèce*.

(*b*) L'empereur *Conrad* avoit effuyé de plus grands maux encore ; il étoit revenu prefque feul d'une armée de deux cents mille hommes.

répudier , & le crédit de *Suger* ne fit que
suspendre une faute qui marqua d'une manière si funeste ce que peut coûter aux
empires la perte d'un homme.

Les seigneurs François revenoient en
foule & mécontens ; *le Comte de Dreux* ,
frère du roi, voulut profiter de ces dis-
positions pour exciter des troubles. *Suger*
écrivit au roi; & en attendant sa réponse,
il assembla les Etats généraux , en même
temps qu'il excommunioit les perturbateurs du repos public. Cette vigueur d'un
vieillard intrépide & intact rétablit la paix.
On ne peut lire sans attendrissement cette
lettre que le vieux ministre écrivoit à son
jeune souverain : (*a*)...... « Mais pour

(*a*) *Ut autem totius regni tui vice loquar, quid est, carissime
Rex & Domine, quare nos fugis ? ... Redierunt regni pertur-
batores, & tu qui defendere deberes, quasi captivatus exulas.
Quem lupo tradidisti regnum, raptoribus exposuisti. Rogamus
igitur altitudinem tuam, pulsamus pietatem, adjuramus beni-
gnitatem, & per eam quâ invicem obligati sumus fidem ob-
testamus, ne post transitum Paschæ ibi vel modicum demoreris,
ne reus professionis & juramenti, quod in susceptione coronæ
fecisti, in oculis Dei appareas. Nos autem sicut Angelum Dei
vos expectantes ... necessaria præparare parati erimus... &c.*

*Senex eram, sed in his magis consenui pro quibus omnibus,
nullâ cupiditate, nullo penitùs modo nisi amore Dei & vestrâ*

» vous parler au nom de tout votre royau-
» me, pourquoi, notre Roi, notre cher
» maître, pourquoi nous fuyez-vous?...
» Les perturbateurs de votre Etat font
» revenus; & vous qui devriez nous dé-
» fendre, vous vous exilez comme un
» banni. Vous abandonnez votre royaume
» aux invafions. Nous fupplions donc
» votre majefté, nous implorons fa piété,
» nous conjurons fa bonté, nous atteftons
» cette foi mutuelle qui lie le peuple &
» le prince, qu'elle veuille bien ne pas
» retarder fon retour au-delà des fêtes
» de Pâques, de peur que vous ne pa-
» roiffiez aux yeux de Dieu avoir violé
» le ferment de votre facre. Quant à
» nous, nous vous attendons comme
» l'ange tutélaire de la France »... Il rend
compte des fommes qu'il a remifes pour
le fervice du roi aux chevaliers du Temple,
de celles qu'il conferve dans le tréfor;

---

*me confumpfiffem. De Reginâ conjuge veftrâ audemus vobis
laudare, fi tamen placet, quatenùs rancorem animi veftri. fiat,
operiatis, donec ad proprium reverfus regnum, & fuper his, &
fuper aliis provideatis.* Sug. Ep. 57. Rec. de Duchef.
tom. IV.

D iv

puis il ajoute avec cette grace tendre & négligée du fentiment : « Vos maifons » royales, vos châteaux font bien entre- » tenus & en bon état; il n'y manque » que votre préfence. J'étois déjà vieux, » & mes cheveux achèvent de fe blanchir » dans des fonctions pour lefquelles je » confume ma vie avec joie, fans autre » ambition, fans autre vue que mon amour » pour votre majefté & pour mon devoir. » Quant à la Reine votre époufe, j'ofe » vous fupplier de diffimuler l'aigreur » de votre reffentiment, fi vous en con- » fervez, jufqu'à ce que, rendu dans vos » Etats, V. M. puiffe pourvoir & à cela » & au refte. » Les réponfes du roi portent auffi le caractère d'une tendre confiance ; il écrit à fon vieux ferviteur : « (a) Votre » volonté eft la règle de la mienne, & » vous favez bien que je m'en fuis rap- » porté à vous de diriger toutes mes ré- » folutions. »

Le Roi arriva enfin ; *Suger* avoit été

______

(a) *Voluntas enim veftra noftra eft, & nos confilium noftrum repofuimus in vobis.* Epift. 48. Rec. de Duchef. ibid.

calomnié auprès de lui ; mais la voix publique, le témoignage du pape que le prince avoit vu sur son passage, plus que tout, celui même de cet homme simple & si supérieur à la faveur, qui présentoit au Roi pour toute apologie un royaume florissant & tranquille, touchèrent le jeune prince jusqu'aux larmes ; il embrassa *Suger*, & le proclama *Père de la patrie* (a). Le régent remit avec joie le dépôt de l'autorité, poids accablant pour quiconque en est digne.

Les mauvais succès de cette expédition irritoient le courage du jeune monarque, & il vouloit encore tenter un armement ; le pape l'en sollicitoit. *Suger* fortifié dans ses principes par les nouveaux exemples, redoubla ses instances auprès du Roi pour l'engager à ne pas quitter le royaume ; mais l'esprit de l'Europe étoit encore trop enivré, pour que les conseils d'un sage

______

(a) *Quædam de illo regiis suggesta sunt auribus, quæ regis animum simplicem, & aliorum affectus ex suo metientem, aliquantisper turbaverunt . . . ; Rex veritate cognitâ, tam ex operibus, quàm Papæ testimonio, amplius dilexit & honoravit ; & vivo & mortuo gratiam retulit, & tam à populo quàm à principe* Pater patriæ *apellatus est, &c.* Vit. Sug.

puffent opérer. Les préjugés des nations ne s'ufent que par le travail fourd du temps & l'extinction de plufieurs générations ; auffi le fecret de l'homme d'Etat n'eft peut-être que l'art d'ouvrir un cours à l'opinion publique , & de placer avec précaution un peuple dans la fphère des expériences qui doivent développer les vues du gouvernement.

Défefpérant de convaincre le Roi (*a*) , *Suger* réfolut de fe rendre lui-même la victime d'une expérience encore néceffaire, de conferver au royaume pacifié fon fouverain jeune fans poftérité , dont la vie étoit fi précieufe, dévouant cette tête feptuagénaire à des travaux , à des périls que fa fageffe pourroit modérer , mais que fa fermeté fauroit vaincre. Il s'offrit à mener en Orient les vaffaux de l'abbaye de S.

(*a*) *Quod cùm fruftrà tentaffet , dignum præ fe tulit laudabile votum implere , ex his fcilicet redditibus quos proprio fudore & folertiâ Monafterio adjecerat , fi daretur vita comes per fe ipfum profecturus , & propofitum agreffurus. Confiderans in talibus confilio opus effe potiùs quàm viribus , & prudentiam magis quàm arma neceffariam. Interea dum de profectione deliberat , &c.* Vit. Sug.

Denis & toute la nobleſſe qui voudroit le ſuivre. Ce deſſein généreux fut le dernier hommage que ce vieillard vénérable rendit à la vertu qui l'avoit inſpiré toute ſa vie ; la mort vint le ſaiſir au milieu des préparatifs de ſon voyage : il dépoſa la vie, comme il avoit fait l'autorité ſouveraine (*a*). Tout le royaume étoit dans la conſternation, l'abbaye de S. Denis dans les larmes ; le Roi, aſſis au chevet de ſon miniſtre qu'il ne quitta pas même dans ſes funérailles, verſoit des pleurs avant-coureurs de ceux que la répudiation d'*Eléonore* devoit coûter à la nation pendant trois ſiècles. S. Denis offroit alors un ſpectacle plein d'une majeſté ſombre. Une cellule étroite contenoit un petit nombre des plus grands du royaume, honorant de regrets véritables le premier miniſtre qui expiroit ſur la cendre aux pieds de ſon ſouverain conſterné. Les galeries, les cloîtres de l'abbaye ne pouvoient contenir la foule de ce peuple reconnoiſſant & déſeſpéré, qui, mêlant ſes ſanglots, ſes regrets, ſes

______

(*a*) *Nec pigebat eum mori, cùm juvaret vivere.* Vita Sug.

récits, ses louanges, faisoit, par le désordre & la confusion de ses sentimens, la plus honorable oraison funèbre. Toutes les vertus, tous les talens de *Suger* étoient rappelés. Les uns admiroient cette simplicité qui le faisoit passer des plus profondes spéculations de la politique, aux plus minutieuses pratiques du cloître, sans que ce génie nourri des plus belles connoissances, poli & éclairé par la littérature, la philosophie & les grandes affaires du gouvernement, semblât jamais ni s'humilier, ni descendre (*a*); d'autres racontoient comment, toujours accessible à la vérité, il avoit constamment fermé l'oreille à la délation & à la flatterie : ceux que son autorité avoit réprimés, s'empressoient de dire combien il avoit l'air de céder malgré lui à ses principes (*b*) dans l'administration des peines. Ses religieux admiroient cette fru-

---

(*a*) *In omni monasterii officio se illi comparare nemo valeret, putares illum nil aliud scire, nil præter ista didicisse; cùm in studiis liberalibus adeo valuerit, ut de libris nonnunquam dialecticis, sive rhetoricis subtilissimè dissereret, nedum de divinis, &c.* Vit. Sug.

(*b*) *Inter reliquias virtutes hoc habebat eximium, quòd si*

galité, cette tempérance de tout befoin,
même du fommeil, qui lui faifoit paffer
une grande partie de la nuit à travailler
avec fes fecrétaires, ou à converfer avec
fes amis, auxquels, par des exemples tirés
du paffé, il prédifoit prefque toujours jufte
les événemens de l'avenir ; mais tous fe
réuniffoient à louer fon défintéreffement ,
cette vertu de l'homme d'Etat , & fans
laquelle il n'y a point d'ame grande & in-
fléxible. Ceux qui l'avoient trouvé quel-
quefois dur & févère, parce que fes paroles vives & précifes avoient un fens
toujours jufte & pénétrant, s'empreffoient
de s'en accufer comme d'un blafphême ;
& cependant Suger, calme & tranquille

---

quis apud ipfum accufatus fuiffet, non ftatim aurem accomo-
dabat ; fed delatores habebat fufpectos. Ibid.

Jam vero in ulcifcendo talem fe exhibebat, ut nemo fanus
ambigeret compatientem illum & invitum ultionem exigere.
Ibid.

Quoniam fomno contentus erat breviffimo, poft cœnam aut
legebat, aut legentem diutius audiebat, aut confidentes exem-
plis inftruebat illuftribus aliquoties ufque ad noctis medium.
ibid.

Erant verba illius ut ftimuli & clavi in altum defixi. Ibid.

dans cette dernière scène de la vie, ne jouissoit pas même de ce dernier triomphe de l'amour-propre. Cette multitude de voix ne célébroient que des vertus, des talens, dont le temps seul devoit développer le caractère & l'ensemble à une postérité plus digne de l'apprécier ; mais la louange, encouragement nécessaire de la vertu foible encore, est dédaignée par le sage ; sa vertu s'épure elle-même dans un long exercice, elle s'élève au dessus de la faveur populaire : alors, contemplant dans le secret de son cœur le tableau de sa vie, l'homme de bien se dit à lui-même, comme le Créateur au dernier jour de son ouvrage, *voilà qui est bien* (a) ; & sourd aux clameurs de la multitude, aux sifflemens de l'envie, aux applaudissemens étouffés & peu nombreux des amis de l'humanité, il se repose dans la paix de sa conscience, & l'approbation de l'Etre éternel dont il a suivi le plan. Tels étoient

---

(a) *Et vidit cuncta quæ fecerat, & erant valde bona.* Genes.

les sentimens, telle fut la fin de l'abbé Suger. Son nom ignoré avant lui, est rentré dans le néant d'où il l'avoit tiré ; il n'a laissé à sa famille, ni titres, ni possessions, & au public aucun monument fastueux, où le marbre & l'airain consignassent son souvenir dans la mémoire des hommes. (N°. VII.)

Le plan de *Suger* est rempli dès long-temps ; trois siècles & demi, & quinze générations de Rois, en ont consommé l'ouvrage (a). *L'entière expulsion des Anglois, & la création d'une milice toute royale sous Charles VII*, ont achevé de réunir toutes les forces dans la même main qui tient déja le faisceau de tous les intérêts

---

(a) Depuis l'an 1108, époque de l'avénement de Louis le Gros, jusqu'à 1450, les règnes qui ont servi à ce développement, sont ceux de

Louis le Gros,	Philippe le Long,
Louis le Jeune,	Charles le Bel,
Philippe Auguste,	Philippe de Valois,
Louis le Lion,	Jean,
S. Louis,	Charles V,
Philippe le Hardi,	Charles VI,
Philippe le Bel,	Charles VII.
Louis Hutin,	

& de toutes les volontés ; & l'autorité *souveraine* est restée *absolue*. Mais ce principe de tout ordre a presque aussitôt été infecté du levain des passions humaines, que l'expérience des âges peut seule corriger, en perfectionnant la raison. L'ambition & la fausse gloire ont enivré des Rois, étonnés de leur puissance. Les expéditions dans le royaume de Naples, & *l'art financier* rapporté en France pour la vengeance de l'Italie, comme cet autre fléau dont l'*Amérique* a puni l'*Europe ;* les entreprises chevaleresques de *François Ier*, source de ces guerres trop long-temps prolongées dont le génie de *Richelieu* fit un des points capitaux de sa politique; la gloire brillante & désastreuse du règne suivant, tant de calamités fastueuses causées par la guerre, tant d'appauvrissement & de foiblesse causée par le desséchement des sources naturelles du revenu public, ont enfin éclairé suffisamment l'expérience nationale.......... Le génie de la France se réveille : dans les circonstances les plus heureuses, quand

l'autorité

l'autorité affermie n'a plus rien à faire qu'à diriger son pouvoir ; quand une nation vive , ingénieuse , entreprenante , livrée au commerce, à l'agriculture , aux arts, n'attend , pour développer toute son énergie, & pour se plier d'elle-même à la perfection de l'ordre & du bonheur, que le soulagement du joug fiscal qui l'opprime; quand les nations étrangères , fatiguées par les mêmes épreuves, désabusées des envahissemens, semblent ne plus tenir aux erreurs de la politique ancienne, que par la rivalité du commerce ; un jeune Prince, qui n'a de la jeunesse que l'enthousiasme du bien , *purifie l'impôt*, ouvre ses vraies sources, assigne son emploi véritable : après une paix de près de vingt années , il *sanctifie la guerre*, dont il fait l'instrument de la liberté d'un grand peuple : sans ambition , sans intérêt , son traité d'alliance stipule *la liberté générale du commerce ;* c'est une instruction pour toutes les nations de l'Europe ; c'est un ordre à l'humanité d'être heureuse. Quelle époque dans l'Histoire des deux mondes !...... mais c'est à la postérité de la

E

célébrer........ Chez les contemporains, la louange même la plus juſte approche trop de l'adulation;........ & flatter le Prince eſt un crime d'Etat.......

Hunc ſaltem everſo juvenem ſuccurrere ſæclo
Ne prohibete !   VIRG. Georg.

ÉCLAIRCISSEMENS

SUR

L'ÉLOGE DE L'ABBÉ SUGER.

N° I. PREMIER ECLAIRCISSEMENT.

Sur l'état où se trouvoit l'Europe, dans l'onzième Siècle, & les évènemens qui avoient établi cette situation.

POUR se faire une juste idée de notre sujet, il faut connoître l'état de l'Europe, dans l'onzième siècle, & avoir envisagé toute la suite des évènemens qui avoient consommé la destruction de l'empire Romain. L'histoire des causes seroit trop vaste & trop étrangère ici ; il suffit d'observer que la formation de ce colosse & sa destruction, firent deux grandes révolutions dans l'état politique & dans les mœurs des nations Européennes. On pourroit appliquer à *Rome* ce mot de *Cornélie* dans *Lucain : Bis nocui mundo.*

Des nuées de Barbares sorties du Nord de l'Europe & de l'Asie vinrent fondre sur les provinces Romaines : quelques courses heureuses sur les frontières les avoient encouragées au pillage ; elles s'avancèrent ; la douceur du climat, des richeffes & des commodités inconnues, la culture des vignes, la facilité de s'établir chez une nation amollie & mécontente, tout les retint, & en appela d'autres. Bientôt des flots de Barbares fe pouffant les uns les autres, auroient rendu la retraite impoffible aux premiers.

Ces effaims parurent innombrables, quoique la qualité de leur fol natal, & la forme de la fociété chez les peuples *Chaffeurs* & *Nomades* nous affurent de leur peu de multiplication : mais ces peuplades émigroient en corps de nations, & ne laiffoient derrière elles que des déferts. On ne fait d'elles rien d'antérieur à cette époque, & le peu de faits qu'on en a recueilli depuis, a été raffemblé par les hiftoriens Grecs & Romains. Pour les Barbares, ils ne pouvoient ni ne vouloient rien conferver ; Sauvages groffiers, ils portoient à l'excès *l'ignorance* & *l'incuriofité* (a). Avant l'invafion, ç'avoit été par néceffité ; depuis, ce fut par mépris, parce que la victoire affocia dans leur efprit l'idée *des connoiffances* avec celle de *la lâcheté.*

Pendant deux cents ans, ce fleuve de Barbares ne ceffa de couler du pôle ; il inonda toute l'Europe, & pénétra jufques en Afrique. Ce n'eft point une exagération de dire que la race humaine fut alors renouvelée : tout périt ; ceux qui avoient

---

(*a*) Quand le fceptique Montagne a dit que l'ignorance & l'incuriofité *font deux doux oreillers pour une tête bien faite,* c'étoit un mot de défefpoir.

échappé aux premières incurfions furent maffa-
crés dans les autres ; la famine & la pefte, fuite
néceffaire de l'incultivation & du carnage, ache-
vèrent la deftruction. Un auteur contemporain *
rapporte que les Barbares brûloient & ravageoient
les villes & les campagnes, & détruifoient les
moiffons & les fruits, pour faire périr par la faim
ceux qui échappoient à l'épée. Quand une place
forte les arrêtoit, ils égorgeoient fous les murs des
milliers de malheureux **, dont les cadavres in-
fectoient la garnifon, & l'obligeoient à fortir. Telle
fut la dépopulation, *dit Procope,* *** qu'on pouvoit voyager plufieurs jours fans rencontrer un
feul homme. L'Afrique & la Sicile, greniers du
peuple Romain, font reftés depuis des déferts incultes. L'Europe ne fut pas plus épargnée ; les ambaffadeurs envoyés à *Attila* trouvèrent des villes
entièrement inhabitées, & les campagnes jon-
chées d'offemens ; auffi pendant plufieurs fiècles
la nature y parut en deuil : des forêts épaiffes
s'élevèrent dans les champs autrefois labourés ;
les eaux n'étant plus contenues, formèrent des lacs
& des marais ; & les bêtes féroces, les reptiles
venimeux, les infectes aquatiques, remplacèrent
ces animaux utiles, fujets & compagnons de
l'homme. *Muratori* **** a confervé des preuves

---

* *Victor Vitens.*
** *Voyez* l'Introd. de Robertf. à l'Hift. de Charles V.
*** *De Bello Gothor.*
**** *Script. Rer. ital.*

que cet état miférable duroit encore, en partie, dans le dixième fiècle. Prefque toutes les chartes du húitième & du neuvième fiècles accordent des défrichemens, & les Solitaires de S. Benoît en firent la plus grande partie. L'Europe étoit donc alors comme une colonie naiffante.

Mais ce qui prouve davantage cette deftruction univerfelle, c'eft l'obfervation d'un écrivain cé-lèbre *, qu'une révolution complette fe fit tout-à-coup dans les lois, les mœurs, le coftume & les langues de l'Europe; changement fubit & uni-verfel, dont la moindre partie exigeoit un renou-vellement entier de l'efpèce.

Jufque-là ces Barbares *chaffeurs* & *pâtres* **, ayant peu de propriétés, avoient des ufages plus que des lois; leurs *anciens* étoient leurs *magiftrats*, le Roi n'étoit qu'un chef de guerre ***; ce qu'il y avoit de plus important fe décidoit par la nation en corps **** : chacun pouvoit former une entre-prife de guerre (*a*), *une jeuneffe ardente & in-quiète étoit toujours prête à s'attacher à lui;* quel-ques armes, quelques chevaux étoient leurs prix, ne quitter le chef qu'à la mort étoit leur devoir.

---

* ROBERTS. Introd. à l'Hift. de Charles V.

** Comm. CÉS. *lib. 6.*

*** TAC. *de Mor. Germ.*

**** *Amm.* MARC. *lib. 31.*

(*a*) Ceci eft principalement à remarquer. On verra par les développemens du N° III, que *ces Dévoués* ont été le germe de toutes les révolutions du Gouvernement.

Ces mœurs, qui tiennent à la nature brute, se re-
trouvent chez les Sauvages de l'Amérique.

La conquête ayant établi la propriété, & la vie
sédentaire qui en est la suite, cette nouvelle cir-
constance combinée avec *le caractère national*,
produisit *le gouvernement féodal*. De nouveaux
droits formèrent de nouveaux *devoirs*; il fallut
des *lois* & une puissance qui les *dictât* & les *main-
tînt*. C'est la marche de la nature; mais quand la
raison éclairée ne peut se faire entendre, quand il
faut que la lente expérience éduque, par les malheurs, les nations ignorantes & grossières; des
siècles s'écoulent, des générations se succèdent
en se transmettant des erreurs & des maux qui di-
minuent dans la même proportion. Enfin un grand
homme s'élève; au flambeau de son génie la nation s'éclaire; il recueille les faits & les expériences, & ouvre une route à l'humanité vers la
raison & le bonheur.

Voilà ce qui arriva en France depuis l'an 420,
jusqu'à l'administration de *Suger*: une note suivante * éclaircira comment dans ce long intervalle
la nation eut tant de peine à se dépouiller de
cette barbarie qui réunissoit l'oppression, la servitude & la licence; à reconnoître des rapports
justes & naturels entre les hommes; à entendre cet
organe commun de la volonté publique qui réunit
tous les pouvoirs, parce qu'il réunit tous les intérêts.

____

* *Voyez* le No III.

N° II. Second Eclaircissement.

Sur la Scolaftique.

CE fut au huitième fiècle que *J. de Damas*, homme d'un efprit étendu & d'une vafte érudition, ennemi particulier des Iconoclaftes, après avoir paffé une partie de fa vie parmi les Arabes, fort eftimé, & confulté même du Calife de *Damas* *, fe retira dans un monaftère de Jérufalem, & là, plein de l'efprit fubtil des Arabes, il compofa un Abrégé fort exact de la dialectique & de la morale d'*Ariftote*, dont il fe fervit enfuite pour fondre fes quatre Livres *de la foi orthodoxe*.

C'eft donc à cet ouvrage que fe doivent rapporter les commencemens de *la Scolaftique*, de cette méthode contentieufe & embarraffée qui a infecté la *philofophie* & la *théologie*. Avant cette époque, on fe contentoit de lire *l'Ecriture* & *les Pères*, & il n'y avoit point d'autre théologie. S. Jean de Damas crut relever la Religion, en l'expliquant fuivant les principes de la philofophie. Cette méthode s'établit avec le renouvellement des études, quand on commença à refpirer en Europe, après les inondations des Barbares, & que les monaftères & les cathédrales établirent les premières écoles : dès-lors il y eut dans chaque cathédrale un *Scolaftique* & un *Théologal*. Le premier enfeignoit les Langues, l'autre expliquoit l'Ecriture

***

* *Voyez* l'Hift. de la Philof. Tome III.

fainte, & réfolvoit les principales difficultés de
la Jurifprudence canonique, devenue fort obfcure
depuis les fauffes décrétales. Ces écoles particulières s'abolirent infenfiblement par le luftre &
la prépondérance que prit l'Univerfité de Paris,
& on n'appela plus fcolaftique que le genre de
théologie qui tend à expliquer la Religion par les
formes de la dialectique & de la métaphyfique :
corps de doctrine nouveau, où l'on ne s'attachoit
pas aux articles formellement révélés, mais à des
queftions oifeufes & de pure curiofité.

Cette maladie de l'efprit humain a tourmenté
les nations pendant fept fiècles, jufqu'à ce que le
génie de *Defcartes* ait donné une autre impulfion
à la raifon humaine : mais dans les temps qui nous
occupent, ce fléau métaphyfique a caufé des maux
réels aux nations, par les héréfies qu'il enfanta,
& les guerres qui fe firent pour les défendre ou
les détruire, & les interdits, & les excommuni-
cations ; & toutes les femences de révoltes & de
fédition qui foulevèrent les peuples contre leurs
fouverains, fournirent des armes aux fujets puiffans & ambitieux, & retardèrent de plufieurs fiècles les progrès de la civilifation & de l'amélio-
ration du fort des hommes. De grands efprits
perdirent de grands talens dans cette ftérile occu-
pation : les Anglois s'y diftinguèrent par-deffus
toutes les nations de l'Europe, par la fubtilité de
leurs argumens, & l'artifice de leurs réponfes. Il
femble que dès-lors la nature s'étudiât chez eux

à produire le génie de *Locke* & de *Newton*. Telle est l'influence presque insurmontable de l'esprit du siècle sur l'esprit des grands hommes. Le légis-lateur *de la Caroline* n'eût été dans le neuvième siècle qu'un théologien subtil ; *Scot*, transporté au règne de Charles II, eût été l'un des premiers physiciens *de la société royale.* Mais l'homme de génie a plus d'action encore sur l'humanité : l'esprit d'*Aristote* a causé presque tous les mouve-mens de l'Europe pendant sept cents ans. La véritable, la seule manière peut-être d'écrire l'Histoire, seroit de tracer cette ligne indéfinie des opinions humaines qui établissent les mœurs, les lois, les usages, les constitutions politiques des Empires : quelques génies semés de loin en loin sur la suite des âges, détournent ces opinions, leur ouvrent des routes nouvelles, & l'humanité change de forme : ainsi l'histoire des pensées d'un petit nombre d'hommes, seroit l'Histoire universelle.

Il est curieux d'observer que l'esprit d'*Aristote* fit autant de ravages chez les Arabes que chez les Chrétiens : *le Koran* fut tourmenté comme *la Bible* par les Commentateurs, & *l'Islamisme* eut aussi ses hérétiques.

On peut diviser en trois âges l'Histoire de la Scolastique, & chaque période se distingue par d'illustres chefs, qui ne font plus connus que dans l'histoire des erreurs & des maladies de l'esprit humain.

Le temps qui s'écoula depuis *J. de Damas*, juſqu'à l'an 1070, fut tout employé à la rédiger en corps de ſcience, & les trois âges ſe comptent; le premier, depuis *Lanfranc*, archevêque de Cantorbery, juſqu'à *Albert le Grand*; le ſecond, depuis *Albert*, à la fin du douzième ſiècle, juſqu'à *Durand de Saint-Porcien*, évêque de Meaux, mort en 1333; le dernier, depuis cette époque juſqu'au renouvellement de l'eſprit humain par *Deſcartes*. Aujourd'hui il n'en ſubſiſte plus que les formes, parce que la coutume & l'habitude ſurvivent long-temps à ce qui leur donna lieu. L'eſprit humain, en ſe dépouillant de ſes erreurs, en laiſſe derrière lui *les formes*, comme le ſerpent renouvelé, dont la robe vide en ſe deſſéchant effraie encore le voyageur.

Les théologiens les plus connus du premier âge ſont *Lanfranc*, élevé dans *l'abbaye du Bec*, *S. Anſelme*, *P. Lombard*, *Robert Pullus*, &c. Loin d'étudier l'Ecriture & les Pères dans les ſources, ils ſe contentoient de lambeaux & d'extraits informes qu'ils ſe communiquoient les uns aux autres; d'où il arrivoit, ce qui eſt aſſez ordinaire à ceux qui ne conſultent pas les originaux, 1°. que la plupart de ces extraits ſe trouvoient contraires au ſens même des auteurs, dont on les ſuppoſoit tirer; 2°. que chacun les contournoit à ſa manière, pour s'autoriſer de grands noms: du reſte, la barbarie de leur langage les rendoit triſtes, inſipides, ennuyeux juſqu'au dégoût.

On n'imagine pas combien étoit embrouillée la fcience de ce temps : on lifoit peu , on penfoit encore moins : toute l'habileté confiftoit à épuifer les chicanes de la logique, à difputer fur la valeur des mots , à inventer des diftinctions frivoles & captieufes. Dans cette mer de fubtilité, où tout devenoit problématique & contefté , il n'y eut guères de ces profonds raifonneurs qui ne fuffent accufés d'erreur ; les uns , pour employer des expreffions nouvelles & inconnues à toute l'antiquité ; les autres, pour mettre les vérités éternelles de niveau avec leurs propres chimères : telles furent les fautes *d'Abeilard* & de *Gilbert de la Porée*. Le plus illuftre de ces fcolaftiques fut *P. Lombard* (a). Il avoit compofé un Recueil de queftions métaphyfiques, ce qui lui fit donner le nom de *Maître des fentences.* Ce fut le texte de toutes les thèfes de théologie du douzième fiècle, ouvrage futile, & dont les commentaires feuls cependant rempliroient plufieurs bibliothèques. On examinoit dans ce livre, *où étoit Dieu avant la création du monde ; &, s'il n'eut rien créé, qu'auroit été fa prefcience ?*

Dans le fecond âge, les ouvrages de théologie quittèrent le nom de fentences , & prirent celui de *fommes théologiques.* Parmi les illuftres de cette

(c) Ce P. Lombard jouiffoit d'une telle vénération, qu'un fils de Louis le Gros lui céda fes droits à l'évêché de Paris.

époque, on remarque *Thomas d'Aquin :* c'est à lui que la scolastique dut sa dernière forme, celle qu'elle conserve encore dans nos écoles. Plein de la lecture d'*Aristote* & de ses principes contentieux, il entreprit d'éclaircir le texte tant commenté du Maître des sentences ; &, pour le mettre dans tout son jour, il composa un corps entier de théologie, dont la seconde partie forme ce qu'on appelle la *Somme de S. Thomas ;* & il paroît, par le témoignage de Mabillon *, que c'est ce qui lui appartient en propre ; tout le reste lui est faussement attribué.

Scot, esprit ardent & subtil, animé de jalousie contre *Thomas,* entreprit d'établir de nouvelles routes ; il subtilisa encore plus, & vit lui-même un schisme dans son parti, formé par un Cordelier Anglois nommé *Ockam.* On se perdit de part & d'autre dans les abstractions, au point de disputer sérieusement *si Dieu pouvoit créer la matière sans forme ; si l'idée des choses étoit différente des choses mêmes :* questions absurdes dans leur énoncé, oubliées aujourd'hui, & qui cependant causèrent des dissentions & des meurtres, en formant deux sectes, sous le nom de *Réalistes* & de *Nominaux.* Chaque Ordre religieux prit parti pour les docteurs de sa robe, & voulut ériger en article de foi son opinion.

Il est rare que les hommes s'entendent bien

---

* Traité des Etudes monast.

entr'eux : la diverfité des élémens conftitutifs, les différens degrés de perfection dans les organes, la différence dans la férie & dans l'efpèce des expériences; la diverfité des préjugés d'état, de naiffance, de pays; la métaphyfique même du langage, dont les abftractions & les tropes ne fe combinent jamais de même dans deux têtes; tout confpire à empêcher l'identité d'idées entre des êtres qui ne peuvent avoir identité parfaite de conftitution. La nature eft placée au milieu de tous comme un grand modèle; chacun voit la face qui répond à fa pofition, & differte fur l'enfemble qu'il ne voit pas, mais qu'il décide conforme à ce qu'il voit : on ne s'entend pas, & on s'en paffe. L'amour-propre qui écoute craint de s'accufer devant l'amour-propre qui parle : c'eft un concert exécuté par des fourds, mais où l'enfemble va, parce que chacun lit bien *fa partie.* Si un nom de *fecte* vient fervir de *bannière* aux diffidens, c'eft lui qui met réellement de la différence entre les hommes, parce que c'eft lui qui les avertit de celle qui y étoit, & dont ils ne fe doutoient pas : on fe rallie de chaque côté à ce figne extérieur; le concert eft rompu, les fourds ne s'entendent pas mieux, & ne favent pas même en quoi ils ne s'entendent pas; mais ils fe battent avec leurs inftrumens.

C'eft ainfi que jufqu'au milieu du quatorzième fiècle il fallut, dans la théologie, porter les livrées de *Scot* ou de *Thomas*; mais à cette époque il

parut un homme qui brisa les chaînes de l'école,
& s'ouvrit une route nouvelle : ce fut *Durand de
Saint-Porcien*, évêque de Meaux. A son exemple,
une foule de théologiens s'empressa d'écrire de
nouveau sur le Maître des sentences, & ils sont
sans doute les derniers qui l'aient lu. Le dernier
âge de la scolastique a duré jusqu'au renouvellement de l'esprit humain : alors on s'est mis à
étudier les langues savantes, & à puiser dans les
sources sacrées & originales. On a joint à l'étude
de l'Ecriture, celle de l'Histoire Ecclésiastique,
& la critique des faits, à l'autorité des dogmes : il
semble, comme l'observoit un philosophe, que
sur rien l'esprit humain ne puisse arriver au vrai,
qu'après avoir épuisé toutes les erreurs.

N° III. Troisième Eclaircissement.

Sur le Gouvernement féodal.

Ce seroit une grande erreur de regarder le ré-
gime féodal comme un système lié & appuyé dans
toutes ses parties sur des raisonnemens & des
combinaisons politiques, fondus d'un seul jet ; dans
son principe, il sortit de la nature même des choses : la variété des circonstances postérieures, les
passions, les foiblesses, l'ambition & la négligence
placées en opposition ; l'habitude qui érige des
droits, la désuétude qui les abolit ; l'ignorance &
la paresse qui consacrent les transgressions ; le
temps qui consolide ce qu'il n'use pas encore :

telle eſt la maſſe de circonſtances qui compoſa ce gouvernement bizarre dont l'influence agit encore ſi puiſſamment, & ne s'éteindra peut-être jamais en Europe.

On a vu plus haut * quelles étoient les mœurs des Francs avant la conquête. Quand ils s'unirent en corps d'armée pour l'envahiſſement, le chef général fut cenſé roi; mais il étoit bien éloigné de l'idée que nous attachons à ce mot. Il avoit l'autorité de faire exécuter les conventions de l'aſſemblée; il étoit chargé de tous les détails de l'adminiſtration, *ſauf les droits que la raiſon, les capitulaires & les coutumes aſſuroient à chacun* (a); & ces trois conditions, ſujettes à une interprétation arbitraire, ſoumettoient ſon adminiſtration au contrôle de l'aſſemblée nationale. Il ne pouvoit accorder rien de ce qui n'étoit pas de ſon propre **, ſans l'avis & le conſentement de l'aſſemblée. Childebert Ier, accordant en 588 à l'abbaye de Saint-Germain-des-Prés, le domaine *d'Iſſy*, près Paris, déclare que c'eſt *cum conſenſu & voluntate Francorum & Neuſtraſiorum*. On trouve ſous les deux premières races, & même ſous la troiſième, un grand nombre de diplômes ainſi

---

* *Voyez* N° I.

(a) *Fidelibus noſtris contra rationem facere non volumus.* Cap. Car. Calv. Tom. 3. Baluze, Tom. 2.

** *Conſt. gener. Clot. circa ann.* 560, *art.* 2, 5, 9.

Voyez auſſi les Rec. de Baluze, de D. Bouquet, les Formul. de Marculp. & celles rec. par D. Mabillon.

conçus.

conçus. Les conſtitutions des Rois ne prenoient
force de lois qu'après avoir été examinées & con-
ſenties dans l'aſſemblée nationale * : c'étoit-là
qu'on traitoit de la paix, de la guerre, des allian-
ces, & de toutes les affaires d'Etat. Tous les ordres donnés dans l'intervalle des aſſemblées nationales, avant d'être exécutés, étoient lus publi-
quement dans chaque province, devant tous les
hommes libres, aſſemblés à cet effet *par le Comte*,
& ils étoient conſentis ou rejetés **. Ces aſſemblées ſe multiplioient ſuivant le beſoin ; mais
ceux qui avoient aſſiſté à trois dans le cours d'une
année, étoient diſpenſés des autres ***. La couronne étoit héréditaire dans la famille royale,
mais on étoit libre d'y choiſir qui on vouloit (*a*) ;
&, comme cette diſpoſition avoit pour objet l'uti-
lité publique, l'inutilité reconnue du Prince au-
toriſoit à le dépoſer.

Le Maire du Palais étoit comme le lieutenant
général de l'Etat ; il avoit une autorité abſolue ſur
la nation, & étoit élu en effet par elle, quoique
le Roi parût l'inſtituer, comme on le voit par le

---

* *Lex conſenſu populi fit & conſtitutione Regis.* Cap.
Car. Calv. ann. 864. Tom. 36, cap. 6.

** La Form. 40 du 1er Liv. de Marculphe, porte le modèle de l'ordre adreſſé au Comte en pareil cas.

*** *Capit. S. Lud. Pii, ann.* 819, *cap.* 14.

(a) *Si decedens legitimos filios reliquerit, non inter eos po-*
teſtas ipſa dividatur, ſed potiùs populus pariter conveniens
unum ex eis quem Dominus voluerit eligat. Cap. div. Lud.
Pii Imp. art. 14. Baluze, Tom. 1, ann. 806, *ibid.* ann. 807.

F

le trait de *Chrodin*, rapporté par *Frédégaire* & par *Aimoin*. Aussi, comme l'Assemblée pouvoit rejeter le choix du Roi, il avoit soin de ne présenter qu'un sujet qui fût agréable, & pour lequel il fût assuré des suffrages. Cet officier, ainsi nommé par le concours du Roi & de l'Assemblée nationale, ne pouvoit être destitué que de la même façon : aussi prêtoit-il serment à l'Assemblée comme au Roi *, & il n'y avoit personne qui pût se dispenser d'obéir au Maire, sauf la plainte à l'Assemblée nationale **. Le Maire étoit chef de la justice, des finances, des armées, & le distributeur de toutes les graces ***. Il régloit tout de son chef, & seulement au nom du Roi. Sur la fin de la première Race, le pouvoir de ce Magistrat étoit devenu si exorbitant, que les concessions du Roi étoient nulles quand elles n'avoient pas son approbation ****.

Les Francs avoient conservé l'usage de *se recommander* ou de *se dévouer* aux plus puissans d'entr'eux, dont ils espéroient protection; usage que *Tacite* & *César* nous montrent chez les Germains, qui ressembloit au *patronage* des Romains, & qui, comme nous l'avons déja observé, se retrouve chez les Américains, parce qu'il est dans la nature que le foible se mette sous la protection

---

* Mézeray, Abrégé, Tome 3.
** Mém. Acad. Inscrip. Tome 2.
*** Aimoin, Liv. IV, chap. 35, 47.
**** Mélange curieux des titres anciens, par le P. Labbe.

du fort, & que l'intérêt paie à l'orgueil un tribut d'humilité. La coutume étoit établie de donner quelque chose à celui qui se dévouoit, sans quoi l'engagement étoit nul : c'est ce qui obligeoit les Rois à faire de grandes largesses en montant sur le trône. Les hommes libres pouvoient recevoir le dévouement des autres, & le porter au Seigneur plus puissant *. L'obligation contractée étoit la fidélité & le service à la vie & à la mort, à charge de secours & protection.

Dans le temps de la conquête, les terres du domaine des Empereurs, les bénéfices des soldats Romains, les possessions des vétérans, & de tous ceux qui irritèrent le vainqueur, furent partagées entre le Roi & les siens. Le grade & les services réglèrent les parts : on peut induire de quelques passages de la Loi des Ripuaires, qu'il y en eut plusieurs classes subdivisées en lots, & ceux-ci tirés au sort par ceux qui étoient de condition égale. Les chefs principaux qui avoient beaucoup de *dévoués* **, & qui avoient par-là beaucoup contribué à la conquête, eurent de grands domaines; les autres hommes libres en eurent de moindres. Le Roi céda à ses *dévoués,* ou à ceux qu'il voulut s'attacher, la plus grande partie des terres qui lui échurent; les unes à vie, comme *bénéfices ;* les

* *Cap. ann.* 812 , *cap.* 7.
Hincmar, Rem. Archiep. de Ord. Palat.
** Les origines, ou l'anc. gouv. Franç. Tome 1, Liv. III, ch. 4.

autres en propriété. Prefque toutes les Gaules en ce
temps étoient gouvernées comme les milices Ripariennes, parce que les guerres fucceffives avoient
fait, de toutes les provinces de cette partie de
l'Empire, des frontières. Soit politique, pour fa-
ciliter les conquêtes en s'attachant les peuples,
foit ignorance du mieux, les Francs laissèrent
fubfifter les ufages établis. Ils confiftoient à per-
mettre que les poffeffeurs des terres reftaffent
tout à-la-fois cultivateurs & foldats, & leurs
chefs, capitaines & juges, exempts de tout impôt
pour leurs terres & leurs perfonnes : ces Colons ne
devoient que le fervice militaire en perfonne, &
le gîte aux Ambaffadeurs. Tout refta fur le même
pied.

Il y avoit dans les Gaules d'autres nations éta-
blies *. Les *Vifigoths*, depuis la *Loire* jufqu'aux
Pirenées, les *Bourguignons* dans ce qui a formé,
fous la feconde Race, le Royaume de ce nom,
les *Bretons* dans l'*Armorique*, d'autres Germains
à la rive gauche du Rhin : les Francs laissèrent
toutes ces nations en poffeffion de leurs lois, &
même les particuliers dans celle de leurs biens.
Ils firent plus ; ils confondirent avec eux, & ad-
mirent même aux charges & aux emplois tous
ceux en qui ils trouvèrent des talens.

D'après ces principes, le partage des terres

---

* *Voyez* tous les détails de ce fyftême dans le Mémoire
de M. Dumont.

étant fait, partie entre les conquérans, partie entre les propriétaires maintenus, il se trouva un grand nombre de *Francs*, de *Romains*, de *Bourguignons*, possesseurs de domaines étendus, exempts d'impôts, ayant la justice & ses émolumens, (les compositions & les amendes, seules peines de tout ce qui n'étoit pas serf,) & le commandement des armes, tant à l'égard des serfs, qu'à l'égard des milices Ripariennes. Ces chefs ne pouvoient être ni emprisonnés, ni mis à mort *. Ils délibéroient des affaires publiques avec le Roi dans les Assemblées, & ainsi ils étoient comme indépendans. Ils pouvoient accroître leur domaine par mariage, héritage, achat ou autrement; la guerre les enrichissoit encore par le pillage, & c'étoit souvent une raison pour eux de la demander.

Les guerres privées vidoient leurs querelles particulières; &, comme à chaque vacance du trône, ils pouvoient élire celui des Princes qu'ils vouloient, comme ils pouvoient même déposer le Roi régnant, comme ils régloient toutes les affaires d'Etat dans les Assemblées publiques ou

---

* Suger, dans la Vie de Louis le Gros, parlant d'un haut baron qui avoit refusé en face, au roi Philippe I, de lui obéir, dit qu'il ne fut point arrêté, parce que ce n'est point l'usage des François : *Non tentus neque enim Francorum mos est, sed recedens.* Sug. vit. Lud. Grof.

Et la loi des Bavarois dit expressément : *Nulla sit culpa tam gravis, ut vita non concedatur.* Lex Bavar. cap. 1. tit. 7.

provinciales ; ils avoient mille moyens de se faire craindre & acheter , & il ne falloit alors que de l'esprit & du courage pour devenir puissant. La force des Seigneurs s'étoit tellement accrue par tous ces moyens, que *Chilpéric*, petit-fils de *Clovis*, se plaignoit déja que les domaines royaux étoient dissipés ; & qu'en 553 deux Seigneurs d'Austrasie, frères & unis d'intérêts , furent en état de mener en Italie une armée de soixante & quinze mille hommes, avec l'aveu forcé du roi *Théotebalde* ; & cent ans à peine après Clovis, *Arnould* & *Pepin le Vieux* sont si puissans dans l'Austrasie , qu'ils en font déférer la couronne à *Clotaire II*, au préjudice des enfans de *Thierry II*, malgré les efforts de la reine *Brunehault* , leur trisaïeule.

Les Seigneurs ayant les plus grandes facilités pour s'agrandir, & les Rois ne pouvant faire un pas sans se dépouiller de quelques domaines ou de quelques droits, il est naturel que l'autorité de ces derniers soit tombée avec leur puissance. Les Seigneurs avoient cimenté leur puissance dès l'an *588*, (soixante & quinze ans à peine après la mort de Clovis) par *la convention d'Andelot* , où ils se firent accorder la propriété irrévocable de toutes les concessions faites ou à faire par les Souverains; convention ratifiée par l'Assemblée de Paris de *615* ; & l'hérédité des bénéfices s'établit par-là de telle sorte, que, dès le temps de Charles Martel, elle s'étendoit déja jusqu'aux biens ecclésiastiques. On abusa de cette convention d'Andelot, pour y comprendre les plus grandes charges. En vain Childeric II régla, en *670*, que les grands offices ne feroient pas héréditaires : cette loi ne fut jamais exécutée; & les Rois n'ayant plus rien à donner, ne confervèrent qu'un vain nom fans autorité.

Jufque-là les Rois de la première Race avoient perdu leur puiffance, mais le titre leur en reftoit encore : la révolution qui les en priva prend fa fource dans l'ufage de la *recommandation* & la puiffance illimitée du *Maire du Palais.* Ceux qui fe *recommandoient* étoient liés à leur Seigneur, au péril même de la vie, par l'honneur & la religion du ferment. Comme cet engagement ne fe contractoit que par intérêt, on l'offroit naturellement aux plus puiffans : ainfi, plus un Seigneur avoit de terres, de richeffes & de crédit, plus il s'attachoit de *dévoués*, dont plufieurs en avoient eux-mêmes, & ainfi il devenoit l'ame & le centre d'une Ligue. S'il joignoit à ces avantages quelques talens perfonnels, s'il favoit à propos fe rendre utile ou redoutable, il pouvoit attirer à lui une province, ou même plufieurs. Les offices de Comtes & de Ducs, en général toutes les places qui donnoient la diftribution des graces, procuroient de grands moyens de fe faire des vaffaux; mais, par-là même, nulle charge n'en donnoit plus que celle de *Maire*, pour s'attacher les plus grands Seigneurs. Quand il y eut dans le Royaume un grand nombre de maifons plus ou moins puiffantes

par ces moyens, on imagine quel furcroît de force
& de grandeur une famille déja confidérable recevoit de la dignité de Maire , & même après la
mort du Titulaire, combien l'intérêt de fes parens
& de tous ceux qui fuivoient fa fortune étoit de
maintenir l'élévation de fa maifon : c'eft ce qui
arriva en effet.

Dans de telles circonftances, les plus grands talens n'auroient pu réuffir à conferver la dignité
de la couronne : que devoit-on attendre [d'enfans
qui moururent avant d'atteindre à la jeuneffe ?
Ce ne fut qu'une caufe d'accélération dans une
chute déja déterminée.

Ainfi la puiffance des Seigneurs , origine de
celle du Maire , & prife dans la conftitution même
du Royaume , a renverfé la première Race ; les
mêmes caufes continuant d'exifter fous la feconde
Race , & la force de leur influence augmentant par
fes effets mêmes & par quelques circonftances
acceffoires, ont agi avec plus de puiffance , & la
feconde Race a cédé plus promptement à leurs
efforts.

La fuppreffion de l'office de Maire du Palais, &
la réduction des Affemblées nationales à deux
par an , font les feules innovations que *Pepin* ofa
faire. La nation conferva le droit de choifir fon
Roi parmi les Princes de la famille : ce fait fe
prouve par la précaution que prirent tous les Rois
de la feconde Race , de partager de leur vivant
tous leurs Etats entre leurs enfans ; mais les actes

même de partage difent expreffément *que fi le peuple, après la mort d'un de ces co-partageans, veut élire un de fes fils pour Roi, fes oncles confentent qu'il règne dans le royaume de fon père.* Ce qui attefte la liberté de choifir entre le fils ou les frères.

Dès qu'un Roi Carlovingien meurt, on voit, comme fous la première Race, tous les Princes de la famille s'empreffer de négocier avec les Seigneurs de fon Royaume, & de les gagner par des largeffes.

La nation conferva le droit de dépofer le Prince qu'elle avoit élu, lorfqu'il gouverneroit mal : cela fe prouve par l'acte même du partage de *Louis le Débonnaire*, en 817. *Si quelqu'un des fils de l'Empereur, entre lefquels fe fait le partage, devient oppreffeur ou tyran, qu'il foit d'abord averti en fecret, fuivant le précepte du Seigneur, jufqu'à trois fois, de s'amender ; que s'il continue fes vicieux déportemens, fon frère l'amène devant fon autre frère pour y être averti de nouveau, & corrigé fraternellement : mais, s'il méprife ces avertiffemens falutaires, qu'il foit, du confentement de tous, décidé ce que l'on doit faire de lui, afin que celui, que de falutaires avis n'ont pu détourner de la mauvaife voie, foit mis hors d'état de mal faire* *.

Lors de la Déclaration que *Louis le Germanique* & *Charles le Chauve* fe firent à Strasbourg, en

---

* *Chart. div. Imp. Lud. Pii, anno* 817.

842, ils confentent, s'ils manquent à leur ferment, que leurs fujets ne les reconnoiffent plus ; en même temps les fujets refpectifs s'engagent par ferment de ne donner jamais aucun aide à celui des deux Monarques qui violera le traité *. Cette claufe & cet engagement de la part des fujets, font répétés en diverfes occafions; l'ufage en a fubfifté pendant long-temps : on en voit des traces jufqu'au règne de *Charles VII*.

A l'égard du droit de dépofer, *Louis le Débonnaire* en fit la première épreuve. *Charles le Chauve* l'éprouva de même dans l'Affemblée d'Attigny en *857 :* rétabli enfuite, il voulut en vain tirer vengeance de l'auteur de fa dépofition ; l'Affemblée le déclara innocent. *Charles le Gros* fut dépofé de même, & ne fut pas rétabli.

Les Affemblées continuèrent de décider de toutes les *affaires d'Etat*, comme fous la première Race. Partage des Princes, querelles, mariages, traités, conceffions de fiefs & de dignités, tout fe régloit à l'Affemblée nationale : il étoit tellement dans l'efprit de ces temps, que les Rois ne réglaffent feuls rien de ce qui intéreffoit l'ordre public, que *Charlemagne*, voulant retenir à fa cour un prélat pour quelques affaires, en demanda le confentement au Synode de Francfort.

La *recommandation* continua, & même avec plus de force, car l'hérédité des bénéfices opéra

---

* Rec. de Baluze, Tome 1.

un engagement héréditaire. Les circonstances obli-
gèrent, avec le temps, presque tous les francs-
tenanciers à se choisir un Seigneur, & *Charles le
Chauve* même en fit une loi. Malgré les disposi-
tions de *Childeric II*, l'hérédité des bénéfices s'é-
tablit, & on voit par les Capitulaires de *Charles
le Chauve*, que le Prince avoit eu la foiblesse
d'adopter cet usage.

La police des milices Ripariennes continua
d'être la police générale du Royaume : les Seigneurs, Magistrats & Guerriers, jugeoient & faisoient la guerre. Quand c'étoit celle du Roi, ils
conduisoient leurs vassaux sous les ordres des
Ducs & des Comtes : dans les leurs, ils étoient
seuls chefs & indépendans.

Ainsi, les mêmes causes qui avoient arraché le
sceptre à la postérité de *Clovis*, durent le faire
tomber des mains des héritiers de *Charlemagne*. Les
Seigneurs ayant les mêmes moyens de s'agrandir,
devinrent toujours de plus en plus audacieux. *Pepin*
en reçut mille dégoûts. Ces fiers Aristocrates ne le
trouvoient pas encore assez noble pour être leur
chef *, quoique *Pepin*, pour donner un caractère
légal à son usurpation, eût jeté le système d'une
généalogie qui le faisoit descendre d'une tige
commune à la première Race.

Pepin & *Charlemagne* avoient passé leur vie à
négocier avec les Seigneurs. Les Ducs & les

---

* *Voyez* le Recueil de D. Bouquet.

Comtes s'étoient attribué la nomination de tous
les emplois qui dépendoient d'eux ; ils jouiſſoient
de tous les droits régaliens, faiſoient la guerre
ſans l'agrément du Roi, frappoient monnoie à
leur effigie, s'attribuoient tous les émolumens de
la juſtice. Tout étoit uſurpé.

La ſuppreſſion de la Mairie, au moment de
l'élévation de *Pepin*, avoit décompoſé la maſſe
d'hommes de tout rang qui s'étoit attachée à ce
haut Officier : cela laiſſa un peu plus d'autorité à
Pepin & à *Charlemagne* ; mais en peu d'années la
recommandation forma de nouvelles maſſes de
puiſſance. Dès que tous les hommes libres ſe
furent claſſés ſous les Seigneurs principaux, ceux-
ci furent les maîtres. C'étoit un effet ſourd & im-
perceptible qui ſe préparoit, pendant que *Charlemagne*, par ſes conquêtes, ſe couvroit d'une gloire
éphémère. Les Grands, par leurs vaſtes propriétés, par la dignité & la puiſſance de leurs charges
héréditaires, devinrent des eſpèces de ſouverains.
Louis le Débonnaire en fit la première épreuve.
Dépoſé, rétabli, il vécut dans le trouble & les
révoltes. Toute ſa poſtérité n'eut ni repos, ni autorité. *L'Ariſtocratie des Seigneurs prévalut ſous cette
Race, comme la puiſſance du Maire avoit prévalu
ſous la première* (a). A peine Charlemagne fut-il

____

(*a*) Voilà ce qu'il faut particulièrement obſerver, pour
ſaiſir l'eſprit de l'adminiſtration de Suger, qui ſe fit un
plan d'abolir cette *Ariſtocratie*, pour y ſubſtituer la *Monarchie* pure.

mort, que les troubles s'accrurent avec une rapidité prodigieuse : indépendammenr des révoltes de ses enfans, *Louis le Débonnaire* vit, en *819*, un Duc de basse Pannonie soulever sa province, & s'y maintenir trois ans dans l'indépendance. En *879*, un *Bozon* se fait couronner Roi d'Arles. En *887*, Charles le Gros est déposé. Enfin, en moins de soixante-quatorze ans, la postérité de *Charlemagne* perd sans retour l'Empire ; l'Italie qui est envahie par *Béranger* ; la Germanie, dont s'empare le bâtard *Arnould* ; & la France, à laquelle les Grands donnent pour maître le Roi *Eudes*, l'un d'entr'eux. Ainsi la force réunie des Seigneurs opprima l'autorité royale, & c'étoit une suite inévitable de la constitution.

Le partage de la succession royale fut sans doute une des causes de cet avilissement du sceptre ; mais d'autres s'y réunirent : quand *Pepin* chassa *Childéric*, les Etats de la domination Françoise n'étoient pas partagés. Voici deux autres causes plus puissantes.

1°. *Charlemagne* ayant conquis *la Lombardie*, plutôt par la défection des Seigneurs Lombards, que par la force de ses armes *, il conserva à ce pays ses lois & ses usages : or les Ducs, quoique subordonnés au Roi, y étoient de véritables Souverains : plusieurs nobles François, élevés à ces emplois, rapportèrent en France l'idée & l'exemple

---

* *Voyez* le Mémoire de M. Dumont.

d'un pareil état, & ce fut une vive accélération d'un mouvement déja donné.

2°. La dignité impériale que Charlemagne avoit recherchée avec empréssement, & qui fut de même ambitionnée par ses successeurs, leur aliéna les Papes toujours tendans à l'indépendance, & craignant toujours que le nom de César ne rappelât la possession de Rome & de l'Italie : de-là toutes les tracasseries qu'ils suscitèrent à la postérité de Charlemagne, & qui changèrent d'objet quand l'Empire changea de maître. La politique de *Pepin*, de *Charlemagne*, & de *Louis le Débonnaire*, les avoit engagés à élever les Evêques en opposition des Seigneurs ; les Papes employèrent ceux-ci à intriguer, former des Ligues, désoler & affoiblir l'autorité royale. Ce fut *Jean VIII* qui porta *Bozon* à s'ériger en Souverain, & qui souleva pour lui les Evêques de la Provence & du Dauphiné. Cet exemple de succès éveilla mille ambitieux.

Il faut avouer cependant que les Prêtres n'étoient que cause seconde ; l'intrigue étoit chez eux, la force chez les Seigneurs. Le Sacerdoce seul n'eût pas été fort dangereux. Ses lumières, telles quelles dans un temps d'ignorance, pouvoient surprendre la crédulité du bas-peuple : mais la multitude seule est méprisable dans les factions ; elle n'a qu'une impulsion soudaine ; &, prompte à se briser d'elle-même, ses individus séparés restent sans concert, sans conseils, sans

moyens : pour en tirer parti, il faut un chef puiſ-
fant, une armée, un centre de réunion ; auſſi le
Clergé ne put rien faire qu'en s'étayant des Grands,
& ceux-ci ne les appuyèrent jamais ſans y trouver
de grands intérêts. On peut faire la même obſer-
vation ſur les longues querelles des *Guelfes* & des
Gibelins.

L'avénement de *Hugues Capet* ne changea rien
à la conſtitution du gouvernement ; il en auroit
vu les abus ſans pouvoir les réprimer. Comme le
droit d'élection étoit reſté le même pour la nation *, les premiers Capétiens ne purent s'y ſouſ-
traire qu'en prenant l'habitude de s'aſſocier, de
leur vivant, leur fils aîné. Deux cents ans d'uſage
en firent une loi, & *Philippe Auguſte,* le premier,
oſa croire cette précaution inutile : en effet, ſans
elle, *Louis VIII* recueillit en paix la ſucceſſion de
ſon père.

Les Aſſemblées ſe tenoient plus ou moins de
fois par an, ſuivant les circonſtances ; c'étoit à-
la-fois des Conſeils d'Etat & des Cours de Juſtice.
C'étoit la Cour du Roi coinpoſée de ſes vaſſaux,
appelés les *Pairs,* parce qu'ils étoient égaux de
dignité.

On continuoit à diſtinguer la guerre du Roi &
la guerre de l'Etat ; celle-ci étoit celle qui ſe faiſoit contre les étrangers, avec l'approbation de
l'Aſſemblée, ou contre un *vaſſal félon.* Mais,

---

* Hiſt. des variations de la Monarchie Françoiſe, Tome 2.

comme un capitulaire de *Charles le Chauve* autorifoit le vaffal à fe foulever contre la vexation &
le déni de juftice, la *félonie* étoit toujours équi-
voque.

A l'égard de la conftitution civile, le droit Romain, perdu peu après *Clovis*, n'ayant été retrouvé que vers le douzième fiècle, & les lois
Saliques, Ripuaires, &c. ne pouvant plus avoir
d'application depuis l'établiffement de l'hérédité
des fiefs au douzième fiècle, *le combat judiciaire*
& *les épreuves* étoient les feules lois ufitées dans
les tribunaux des Barons, & les fauffes décrétales
formoient le Code eccléfiaftique, auquel les Prêtres s'efforçoient de tout rapporter. Dans un temps
où l'on n'écrivoit point, tout fe référoit à des té-
moins ; un procès étoit un *démenti*, & l'honneur
prefcrivoit le combat. Tout cela étoit affujetti à
des formules.

Louis le Jeune, ou plutôt *Suger*, commença à
réprimer l'abus des duels judiciaires ; S. Louis le
modifia encore davantage ; Philippe le Bel ne le
permit qu'en matière criminelle, & au défaut ab-
folu de preuves : mais telle eft la marche lente de
l'efprit humain, qu'il n'a été entièrement aboli
que fous Henri II.

Le refte des détails concernant les mœurs &
les lois nous entraîneroit trop loin ; c'eft une partie de l'Hiftoire fuffifamment connue : celle-ci
nous a paru mériter d'être rapprochée & déve-
loppée.

N°

Nº IV. Quatrième Eclaircissement.

Sur la querelle des investitures & les prétentions Romaines.

CETTE dispute des investitures, si opiniâtre, si sanglante, & qui eut tour à tour des revers si insultans pour la majesté impériale, & pour l'objet du respect religieux de tant de peuples, fut une querelle de la *mauvaise foi* contre *l'ignorance.* L'investiture en général étoit un signe sensible mis par le suzerain entre les mains du vassal, à l'instant qu'il prêtoit serment, comme une marque de la concession qu'il lui faisoit. Un morceau de gazon, une branche d'arbre, étoient le symbole d'une investiture de terres ou de forêts ; la crosse & l'anneau étoient le signe de l'investiture ecclésiastique. A la mort d'un vassal, le suzerain se mettoit en possession de ses biens, jusqu'à ce que l'héritier vînt lui prêter serment, & recevoir de lui l'investiture. Les Ecclésiastiques étoient soumis à la même obligation ; & c'est l'origine de *la Régale.*

Les Papes prétendirent refuser ce droit aux Empereurs, sous prétexte qu'un laïque ne pouvoit nommer aux charges ecclésiastiques ; & ils accusèrent la Cour de simonie. En conséquence, il fut défendu aux Evêques de prêter serment aux Empereurs, de se laisser nommer par eux, & d'en recevoir l'investiture. Les Empereurs & leur Conseil, ignorans comme on l'étoit

G

alors, au lieu de répondre qu'ils avoient toujours nommé les Evêques ; que ce droit leur venoit *de Charlemagne* * ; que le Pape Adrien l'avoit reconnu, & même celui de nommer le Pape ; que le Concile de Rome l'avoit confirmé en 774, & que cela s'étoit toujours passé ainsi jusqu'à ce moment du pontificat de Grégoire VII** ; les Empereurs eurent la mal-adresse, faute de connoître l'étendue de leurs droits, de convenir qu'ils n'avoient pas celui de nommer aux *Sièges* ***, mais seulement d'accorder l'investiture des biens temporels qui y étoient attachés. Alors les Papes ordonnèrent aux Evêques d'abandonner ces biens ; ils ne furent pas obéis : la querelle s'embrouilla ; & les Prélats, pour conserver leur temporel, & l'obéissance due *au saint Siège*, suscitèrent mille troubles, dont l'effet devoit être d'amener les Empereurs à l'abandon de leurs droits. Ces longs démêlés nous entraîneroient trop loin ; l'Histoire les a déposés dans ses fastes, & le crayon immortel de l'Auteur de l'Histoire générale, les a rapprochés avec cette énergie qui lui est propre. A l'égard du droit en lui-même, il est savamment éclairci dans une Dissertation que l'Abbé de Vertot a écrite à ce sujet, & dans un Mé-

----

* *Voyez* le Décret de Gratien, & la Chronique de Sigebert de Gemblours.

** An. 1073.

*** Dupin, douzième siècle, p. 117.

moire qui a remporté le prix de l'Académie de Berlin, en 1765.

N° V.

ÉCLAIRCISSEMENT fur *l'effet politique des Croifades.*

NOUS avons indiqué rapidement dans le Texte les caufes de ce phénomène étrange dans l'Hif-toire; il refte à jeter un coup-d'œil philofophi-que fur fes effets. Si l'on confidère la marche lente de l'efprit, & combien l'habitude, l'in-térêt, la pareffe & l'ignorance, tendent à con-folider & à perpétuer les abus, on regardera comme un bienfait de la nature cette fecouffe violente que reçut l'humanité, & qui, portant une révolution immenfe dans les opinions & dans les fortunes, mit les Barons dans la né-ceffité de donner la liberté au peuple, & celui-ci en état de la recevoir. Ainfi, les Croifades qu'on confidère communément comme un grand mal, parce qu'on les regarde du point où nous fom-mes placés, furent réellement un grand bien dans l'état général où étoient les chofes. En effet, dans un temps de police & de bon gou-vernement, une guerre étrangère qui enlève prefque toute la nation, qui laiffe les campa-gnes fans cultivateurs, les ateliers fans ouvriers, la terre & le commerce fans avances, le peu de denrées fans confommateurs, ou livrée à une confommation trop lointaine , & abforbée par les tranfports ; une telle guerre feroit affurément le fléau le plus deftructeur qui pût affliger l'humanité : mais l'état civil des nations étoit fi mauvais , qu'il n'y avoit rien à perdre ; & les Croifades , quoiqu'elles aient détruit près de deux millions d'hommes , ont bientôt rempli ce vide , & fe font acquittées envers l'humanité , par le changement total qu'elles ont opéré dans la conftitution politique de tous les peuples de l'Europe. Tous les habitans de la campagne étoient efclaves , & les Seigneurs ruinés ont été forcés de leur vendre la liberté ; germe actif de la population , de la culture , de l'induftrie & du commerce. La cultivation s'eft donc établie , & avec bien plus de fuccès. Le commerce n'exiftoit pas , par les vexations & les douanes dans des pays où tout étoit frontière ; les villes ont acquis des privilèges , & le commerce a commencé à paroître. Ces deux caufes ont bientôt produit une richeffe nationale. Les tyrans , pour la plupart , ont été détruits dans leurs perfonnes ou dans leur puiffance : la prérogative royale s'eft élevée ; & , au lieu des intérêts divifés de mille *donjons* , s'eft établi cet intérêt unique & univerfel du chef de la nation , qui ne peut être que la richeffe & la profpérité nationales. Ces peuples , en fe dépayfant , en fe comparant les uns aux autres , ont perdu les préventions locales &

individuelles ; les idées fe font étendues & rec-
tifiées ; en fe rapprochant, là fuperftition s'eft
amortie, la politique a pris naiffance : en un
mot, les Croifades ont avancé & préparé là
chute du fyftême féodal, là plaie peut-être la
plus cruelle qu'eût jamais pu recevoir l'humanité. Enfin, depuis Louis le jeune jufqu'à Charles
VIII, dans l'efpace de trois cents ans, la conftitution a fait plus de progrès vers la perfection, & la nation plus de pas vers la richeffe
& le bonheur, que dans les fept cents ans qui
s'étoient écoulés depuis l'origine de la Monarchie jufqu'à la première Croifade ; & cette
marche a été égale pour toutes les nations de
l'Europe.

N° VI.

ÉCLAIRCISSEMENT fur la vie & le caractère
de S. Bernard.

IL eft curieux d'examiner dans le fanctuaire
de l'Hiftoire un homme qui a eu fur fon fiècle un
empire auffi extraordinaire que S. Bernard ; &
peut-être n'eft-il pas inutile d'étudier ces refforts
fecrets de l'efprit humain.

L'homme moral eft le produit de la nature
& des circonftances. Bernard, élevé fans lettres
dans une maifon noble, & en faveur à la Cour
des Ducs de Bourgogne, avoit dès fon enfance
reçu de la piété peu éclairée de fes parens, une
forte impreffion de myftcité, qui décida le tour

de fon caractère. Son imagination ardente s'exerça fur ce premier fond : l'Hiftoire des Hébreux, & le zèle fouvent amer & cruel dès Patriarches & des Conducteurs de ce Peuple endurci, dévelop- pèrent dans fon ame, avec une teinte religieufe qui le confacroit, cet efprit altier & impérieux, fouvent attaché à la nobleffe du fang, fur-tout dans ces temps rudes & groffiers. Un amour- propre immenfe le dévoroit, & peut-être fut-ce un fecret de fon cœur, qui ne lui fut jamais ré- vélé *. La lecture des Pères, & la vie des pre- miers Solitaires de l'Orient, feule littérature qu'il eût, comme il l'avoue lui-même, l'exal- tèrent, & lui firent adopter un genre de vie bien contraire à fes inclinations ; mais la nature forcée reprend toujours fes droits, & jamais il ne fut plus au milieu du monde que depuis qu'il l'eut quitté.

L'Ordre de S. Benoît, à cette époque, étoit tombé dans le relâchement, vice de tous les anciens établiffemens : une réforme venoit de s'établir à Cîteaux ; ce fut là que Bernard voulut fe vouer à la perfection religieufe. La ferveur des Réformés étoit vive ; cette oppofition feule étoit une critique des Anciens ; l'intérêt vint s'y joindre, & les divifa tout-à-fait. Les Bé- nédictins qui confervoient du zèle, venoient embraffer la réforme ; les Réformés qui s'attié-

---

* Villefore, Vie de S. Bernard.

diffoient, retournoient à la Métropole; &, de part & d'autre, les déferteurs étoient traités d'Apoftats, réclamés avec aigreur, & difputés avec adreffe. Une parfaite rivalité s'établit. Bernard commence à développer fon caractère dans cette apologie qu'il adreffe à Guillaume de Saint-Thierry, Abbé de Cluny, où il montre l'humilité la plus vaine, & un luxe de macérations qui l'égaloit aux *Antoine* & aux *Pacôme*. Cette diatribe augmenta la diffention.

Bernard étoit devenu Abbé de Clairvaux, & jouiffoit déja d'une grande confidération. Un Religieux de Saint-Nicaife de Reims étoit allé prendre la réforme à Pontigny; fon Abbé & l'Archevêque de Reims engagent Bernard à leur donner une lettre de recommandation, par laquelle il prie l'Abbé de Pontigny de le rendre; l'Abbé ne peut s'en défendre; mais il écrit à Bernard pour fe plaindre, & le Saint lui répond qu'il y a de l'ingénuité à avoir pris au pied de la lettre une recommandation qu'il avoit bien dû ne regarder que comme une pure complaifance. « *J'ai cru que vous fentiriez que c'étoit une* » *forme, ou pour mieux dire une feinte que vous* » *deviez déméler* *. » Son Hiftorien, quoiqu'Efpagnol, eft forcé d'avouer que Bernard fe conduifit un peu en *embaucheur*. Pierre le Vénérable, Abbé de Cluny, s'adreffoit à lui pour pacifier

---

* Manriquez, ann. 1120.

les troubles, & amortir cette haine qu'il décrit ainſi. *Quand un Moine noir en rencontre un blanc par hazard, il le voit dans un faux jour, & à peine l'autre le regarde-t-il du coin de l'œil: j'en ai remarqué ſouvent de noirs, qui, à la rencontre d'un blanc, étoient ſurpris, comme ſi un centaure ou quelqu'autre monſtre eût paru à leurs yeux, &, du geſte & de la voix, ils témoignoient leur épouvante :. j'en ai vu de blancs conférant enſemble, s'arrêter tout-à-coup à l'arrivée d'un Moine noir, & s'armer du ſilence, comme s'ils euſſent été devant un ennemi qui examine les ſecrets du parti contraire..... Voilà l'ouvrage de cet ange déteſtable, banni de devant le trône de Dieu, &c.* [*]

Cet eſprit d'intrigue & d'autorité que n'avoient jamais eu les Solitaires de S. Benoît, ſe répandoit dans les cloîtres de la Réforme, à l'abri du reſpect & de la conſidération qu'on avoit pour les nouveaux Cénobites. Quand l'Evêque de Paris eut lancé ſur Louis le Gros cette excommunication indiſcrette, il vint ſe jeter au milieu du Chapitre général de Cîteaux, & demander protection. Elle lui fut accordée fort légèrement; & deux Abbés, dont l'un étoit *Bernard de Clairvaux,* furent chargés de remettre au Roi une lettre très-hardie & très-peu reſpectueuſe: la Cour en fit peu de cas; ce fut alors qu'ils intriguèrent vivement à Rome pour faire confir-

---

[*] *Ep. Petri venerab.* Rec. Ducheſne, Tom. 4.

mer l'excommunication, & que Bernard écrivit cette lettre féditieufe dont nous avons fait mention ; mais la politique fage & circonfpecte de Suger l'emporta fur la fougue de ces fanatiques, & le Pape caffa la fentence de l'Evêque.

Si l'on fait attention qu'il n'avoit que peu ou point du tout d'études, on s'étonnera que Bernard eût reçu de la nature des talens auffi extraordinaires ; & on rendra un hommage à fon efprit, que fon caractère feul ne lui auroit pas valu. Son ftyle en général a de la grace & de la facilité : abondant, & cependant précis (*a*), on y trouve ce nombre, cette harmonie, ce fracas pittorefque, mêlé à je ne fais quoi de doux & de tendre ; cet enfemble qui indique une grande fenfibilité dans les fibres de l'oreille & du cœur, mifes dans un ébranlement continuel par une imagination toujours allumée. Sa diction toujours pure, fes expreffions toujours choifies, annoncent un homme de qualité, dont l'élocution s'eft formée tout naturellement à la Cour ; auffi, aux jeux de mots près, & à ces antithèfes fatigantes, tache légère du temps où il vivoit, il eft fupérieur, par le goût, à fon fiècle. On peut obferver auffi qu'il eft tellement plein des formes & des paffages de l'Evangile & des *Pères,*

(*a*) C'eft particulièrement dans l'oraifon funèbre de fon frère qu'on peut le mieux remarquer toutes les qualités du ftyle de S. Bernard.

qu'il femble s'être étudié à faire un *centon* de l'Ecriture-Sainte.

Mais c'eft à fon caractère que nous devons nous attacher particulièrement, parce que c'eft le principe des mouvemens qu'il caufa dans l'Europe. Il avoit fait dépofer au Concile de Troie, *l'Evêque de Verdun*. Ce Prélat dépoffédé fut appelé au Siège de Châlons par le peuple & le Clergé. Bernard s'oppofe à cette élection qu'il regarde comme un affront perfonnel : cette conduite impérieufe & intriguante déplut cependant à la Cour de Rome ; & le Cardinal *Aimery* fut chargé d'écrire à Bernard de vives réprimandes (*a*) : le Saint y répondit par une longue apologie, qui, de la part d'un homme du monde, feroit regardée comme un recueil de médifances fort aigres ; il protefta en même temps qu'il ne fortiroit plus de fon cloître, mais il eft vrai qu'il ne tint pas parole.

Il femble que le genre de fon ambition fut de vouloir régner par la parole, fans autre autorité que le génie ; car il refufa les Evêchés *de Langres* & *de Gènes*, & les Archevêchés *de Reims* & *de Milan* ; mais il parut comme un Prophète au milieu de ce Concile d'Etampes, qui devoit décider de la thiare entre *Innocent* & *Anaclet* ; & fa protection fixa la fortune en fa-

---

(*a*) On trouve cette Lettre dans le Recueil de fes Œuvres, n° 48.

veur du premier. Delà il paffe en Angleterre
pour détacher le Roi des intérêts de l'Antipape;
& pour raffurer fa confcience inquiète, il lui
fait cette tranchante apoftrophe confervée par
un Auteur du temps * : *Songez feulement à rendre
compte de vos autres péchés à Dieu ; pour moi,
je me charge de celui-là.* Le Roi fut décidé, &
le protégé de Bernard reconnu en Angleterre
comme en France.

On le vit enfuite à ce Concile de Reims,
où la politique de Suger s'occupoit à ménager
à Louis le Jeune la couronne de fon père, s'affeoir parmi les Cardinaux, s'y occuper faftueu-
fement de l'extinction du fchifme, & briller aux
yeux de la multitude & aux fiens propres par
l'éclat de cette éloquence, que le Miniftre ha-
bile autant que modefte favoit employer à fes
vues fans oftentation.

L'an 1132 vit une entreprife qui ne fit pas
honneur à la modération & au défintéreffement
de S. Bernard. Il obtint de cé Pape qui lui devoit tout, l'exemption, pour fon Ordre, de payer
les dîmes aux Moines de S. Benoît, & aux autres
Seigneurs dans la mouvance de qui ils avoient
des biens. Certainement le Pape donnoit ce qui
n'étoit pas à lui. Bernard l'avoit fuivi en Italie
pour en obtenir cette faveur injufte. *Pierre le
Vénérable* défendit devant le Pape les droits

---

*Arnauld, abbé de Bonneval.

de fon Ordre, avec beaucoup de douceur & de modération * : il écrivit de même aux Abbés de la Réforme, avec beaucoup de fimplicité & de droiture ; mais on voit par fes lettres, qu'il trouvoit un peu de charlatanifme dans la conduite de l'Abbé *de Clairvaux*. « Je m'uniffois » de tout mon cœur, lui dit-il, à vos faints » exercices, *& je ne voulois écouter perfonne* » *qui donnât à votre auftérité des interprétations* » *malignes* **....... Qui croira que votre Con- » grégation fainte a méprifé, pour l'amour de » *Jéfus-Chrift*, le luxe & les richeffes du fiècle, » & que vous plaidez aujourd'hui pour les in- » térêts de la vie pauvre & humiliée ?.... *Le* » *malin* ne pouvoit rien inventer qui lui fût » plus avantageux, que d'imprimer une tache » d'avarice fur ceux que le monde admiroit..... » Au nom de toutes les brebis de mon trou- » peau, je vous conjure avec inftance, & vous » confeille avec tendreffe que dans cette affaire » des dîmes, vous ayiez égard à vous & à nous : » traitez-nous avec moins de violence ; traitez- » vous vous-même avec plus d'honneur ; & ne » nous raviffez point aux uns & aux autres *la* » *charité*, l'unique bien des ames fidèles. Votre » Congrégation fainte ne peut rien imaginer de » plus prudent, que de ne pas laiffer mourir

---

* *Petri venerabilis, Ep.* 32 *&* 48 *, Lib. I.*
** *Petr. vener. Lib. I, Ep.* 36.

» au milieu de nous la charité qui eſt Dieu
» même. » Bernard ne laiſſa pas de ſe mettre
en poſſeſſion de ſon exemption, qui ne reçut
des bornes que plus de quatre-vingts ans après,
ſous le pontificat d'Innocent III au Concile de
Latran ; mais, ce qui eſt fort extraordinaire,
c'eſt que les Réformés prirent beaucoup d'humeur de la lettre de P. le Vénérable ; & cet
excellent homme eut encore la bonté de leur
écrire des excuſes. « Que cette ſeconde lettre,
» dit-il, ſerve d'appareil à la plaie que la pre-
» mière a pu faire, & que l'onction de l'Eſ-
» prit ſaint réuniſſe nos eſprits...... Je ſouhaite,
» mes frères, & je vous conjure que cela ſuf-
» fiſe pour vous donner pleine ſatisfaction......
» Vous êtes ma joie, & ne ceſſerez jamais de
» l'être : quelque tort que vous me faſſiez,
» quelque chagrin que je reçoive de vous, je
» ne puis m'en ſéparer, &c. » L'onctueux P. de
Cluny ne fut pas le ſeul qui trouva cette uſur-
pation de Bernard fort injuſte *. *Pierre de Blois*,
écrivant au nom de Richard, Archevêque de
Cantorbéry, à l'Abbé & aux Religieux de Cîteaux, en témoigne fort impartialement ſon ſcan-
dale. « Quel eſt, dit-il, ce privilège injurieux
» qui vous exempte de payer les dîmes où ſe
» trouvoient aſſujetties vos terres avant qu'elles
» fuſſent à vous ? Ne ſont-elles pas paſſées entre

---

* Mabillon, *Præfat. gener.*

» vos mains avec les mêmes charges? Nul privi-
» lège de l'Eglise Romaine ne peut vous rendre
» permise l'usurpation du bien d'autrui contre
» votre conscience. »

L'année suivante *, Bernard parut au Concile de Pise, avec un éclat encore plus fastueux :
des Prêtres faisoient une espèce de garde à sa
porte, pour le défendre de l'affluence du peuple ; & il paroissoit moins être à la suite du
Pape **, que revêtu lui-même d'une puissance
supérieure à la puissance pontificale. L'Antipape
Anaclet y reçut de nouveaux anathêmes ; c'é-
toit le quatrième Concile où il plioit sous l'as-
cendant de Bernard. Celui-ci, arrivé à Milan,
où sa réputation l'avoit précédé, y est assailli
d'une foule immense d'admirateurs ; toute la
ville sortit à sa rencontre, le peuple des grands,
comme le peuple des rues. Il usa de l'autorité
que lui donnoit cet accueil, pour faire préva-
loir encore le parti d'Innocent sur celui d'Anaclet, & la cause de l'Empereur Conrad sur celle
de Lothaire. Après cette distribution de la Couronne & de la Thiare, continuant son rôle de
Prophète & d'Inspiré, il rétablit *Anselme* sur le
siège épiscopal de Milan, qu'il fait ériger en
Archevêché ; il lui fait donner le *Pallium*, &
rendre la liberté à tous les prisonniers faits dans

---

* Ann. 1133.
** Arnauld, abbé de Bonneval.

la guerre de Pife. La fondation d'un Monaftère de la Réforme, fut le prix de tant de bienfaits. Il parcourut ainfi toute l'Italie empreffée de le voir; & fa route, difent unanimement tous fes Hiftoriens *, fut femée de miracles. Ils étoient affez communs en ce temps; & le plus grand, peut-être, auroit été de remplir un rôle fi brillant, fans en faire pour le foutenir.

Mais ce qui peint le mieux l'audace du carac-tère de Bernard, & le parti qu'il favoit tirer des préjugés de fon fiècle, c'eft fa conduite avec le *Comte d'Aquitaine*. Ce Prince avoit deftitué l'Evêque de Poitiers, & ce Prélat l'avoit excom-munié. L'anathême étoit alors une arme que le préjugé rendoit terrible, & dont le Clergé abu-foit fouvent. Depuis long-temps l'abbé de Clair-vaux preffoit en vain le Prince de rétablir l'Evê-que; il prend une réfolution tout-à-coup digne de fon caractère. Comme il célébroit la Meffe, & que le Comte excommunié fe tenoit à la porte de l'églife, fuivant l'ufage; après la confécra-tion, Bernard pofe l'Hoftie fur *la patène*, & s'a-vançant vers le Comte, il lui dit avec autorité: « Vous avez méprifé nos paroles, & les prières » de tout ce peuple; voici maintenant le fils de

---

* Oth. Friffing. *Vit. S. Bern.*
Alanus, *Vit. S. Bern.*
Gotofridus, *ibid.*
Manriq. *ibid.*
Villefore, *ibid.*

» Dieu qui vient à vous, celui au nom duquel
» on fléchit le genou dans le ciel, fur la terre,
» & dans les enfers : c'eft votre juge, votre ame
» un jour tombera entre fes mains ; ofez le mé-
» prifer comme fes ferviteurs. » Le Prince, fuf-
foqué de mille fentimens contraires, tombe fans
connoiffance : « Levez-vous, dit le Prophète, *en*
» *le pouffant du pied*, & écoutez l'ordre de Dieu.
» L'Evêque de Poitiers eft ici, réconciliez-vous
» avec lui, embraffez-le, & rendez-lui l'hon-
» neur que vous lui devez ; &, vous foumettant
» au pape Innocent, rappelez à l'unité de l'églife
» tout ce qu'il y a de peuples fchifmatiques &
» divifés dans vos Etats. » Vaincu par fa propre
fuperftition, & par celle du peuple, dont l'ignorance & le fanatifme autorifoient ces excès, le
Prince obéit ; mais, rentré dans fon palais, il
mourut de la révolution que lui caufa cette fcène
violente.

Tout le temps que dura le fchifme Bernard ne
ceffa de protéger le Pape, & toujours avec fuccès ; & l'Antipape étant mort, Victor, que fon
parti lui avoit donné pour fucceffeur, ne put tenir
contre cette inquiète activité, & fe vit obligé
d'employer la médiation de fon ennemi même
pour réuffir, en abdiquant, à faire fa paix avec
fon heureux rival.

Cette affaire, ainfi conclue, Bernard s'en fit une
importante de fermer l'accès du fiège épifcopal de
Langres à un moine de Cluny, qui venoit d'y
être

être élu. Les inſtances du Métropolitain, celles
de P. le Vénérable, celles des Princes, l'autorité
du Roi même, ne purent l'empêcher de s'oppoſer à cette élection: Bernard écrivit même à
ce ſujet une lettre au Pape, où il ne ménage la
réputation ni de l'Evêque élu, ni de l'Archevêque de Lyon, ni *de Pierre le Vénérable*, déclaré
par la voix publique l'homme le plus reſpectable
de ſon temps (*a*). « Ils s'élèvent hardiment,
» dit-il, contre toutes les lois de l'honneur & de
» la juſtice, & mettent ſur la tête des fidèles un
» homme qui eſt l'horreur des gens de bien,
» & la fable des impies. »

Tantæne animis cœleſtibus iræ!

On ne s'étonnera plus de voir Bernard ſe dé-
clarer l'ennemi & le perſécuteur d'*Abailard*, qui
balançoit un peu ſa renommée * ; il lui ſuſcita
toutes ſortes de traverſes: au Concile de *Sens*
aſſemblé pour le juger, Bernard ne diſputa point,
il intrigua auprès des Evêques, comme on peut le
voir dans une épître de lui-même **. Condamné
d'avance, *Abailard* crut inutile d'entrer en lice;

(*a*) *Montagne* a dit que ſi deux hommes venant à paſſer,
une voix s'élevoit, criant de l'un: *O le grand homme!* &
de l'autre: *O le bon-homme!* tous les yeux ſe tourneroient
vers le premier; il faudroit, ajoute-t-il, un tiers crieur
qui s'écriât: *Oh les lourdes têtes!* L'application de ce mot
appartient à S. Bernard & à P. le Vénérable.

* *Voyez* Ep. Abail. 11, ch. 8 & ſuiv.
** *S. Bernardi, Ep.* 187.

H

il ne fongea qu'à fauver fa perfonne, & forma un appel qui fut encore la matière d'une lettre pleine de jactance, que Bernard écrivit au Cardinal *Ives* *; mais le vertueux P. de Cluny fit abandonner à *Abailard* cette affaire fi peu importante au fond; il lui fit fentir les avantages de la paix & du repos qui rend l'ame à elle-même, laiffant à fon bouillant émule cette gloire, fruit tardif, incertain & fragile de l'opinion des hommes **. Quand on ne reprocha plus à *Abailard* d'être *héréfiarque*, on ne s'embarraffa plus qu'il fût *hérétique*.

C'étoit cependant le même homme que Bernard avoit fait proferire par le pape *Innocent*; il exifte encore une lettre de ce Pontife aux Prélats affemblés à Paris, qui porte : « Nous vous » mandons & enjoignons, par ces préfentes, de » faire enfermer féparément, dans des monaftè-» res à votre choix, *P. Abailard* & *Arnaud de* » *Brefce*, comme auteurs d'une doctrine corrom-» pue, & ennemis de la foi catholique, & de » faire brûler leurs livres par-tout où il s'en » trouvera. Et dans le poft-fcript, il ajoute à » l'abbé de Clairvaux : *Ne montrez cette lettre* » *à perfonne, jufqu'à ce qu'elle ait été rendue aux* » *Archevêques dans la conférence.* Telles étoient » les armes de Bernard *. »

---

* S. *Bern. Ep.* 193.
** *Epift.* 189, 190, 192; 188 & 194.
*** *Egregiam verò lau... ... ſolia ampla refertis !....*

Tout le crime d'*Arnaud de Brefce* étoit de défapprouver les richeffes de l'Eglife, & de blâmer les entreprifes du Clergé fur l'autorité féculière. Quoique difciple d'Abailard, fa vie étoit auftère, & fes ennemis ne trouvèrent rien à reprendre dans fes mœurs. Il voulut fuir; mais l'ardente perfécution de Bernard lui ferma tout afyle: deux de fes lettres propres dépofent contre lui *.

Une nouvelle intrigue occupe enfuite l'activité de l'abbé de Clairvaux; l'objet étoit la réconciliation du Roi avec le Pape, qui, fans fon aveu, avoit nommé un Evêque à Bourges. L'Epitre 219 eft un monument du ton d'autorité avec lequel Bernard parloit aux Princes.

Les démêlés du même Prince avec le Comte de Champagne fixèrent enfuite fon attention. Ce Comte étoit un factieux, qui fe rendoit puiffant par fes libéralités & fes fauffes complaifances pour le Clergé. Plufieurs des lettres de S. Bernard **, &, entr'autres, la deux cent vingt-quatrième au Cardinal-Evêque de Paleftrine, prouve combien l'Abbé intriguoit à Rome pour le Comte contre le Roi; & la deux cent vingt-deuxième à *l'abbé Suger*, montre toute la fougue & la paffion dont il étoit fufceptible.

Cependant la mort du cardinal Ives, & la

____

* Ep. 195, 196.
** *Epift. Bernard.* 222, 223, 224.

difpofition de fes biens laiffée à l'abbé de Clair-vaux, le brouillèrent avec le Pape. Le Pontife, qui croyoit devoir en hériter, exhale ainfi fon humeur dans une lettre, où il oublie qu'il eft l'ouvrage de Bernard : « Eft-il donc néceffaire » que rien ne fe faffe fans cet homme ? A peine » un Pape peut-il fuffire à fa correfpondance ; » un feul moine abforbe., par fes lettres & fes » recommandations, un temps néceffaire à toute » l'Eglife : que ne fe tient-il renfermé dans fon » monaftère ? Faut-il qu'il règle tout à fa fan-» taifie ? Les Princes, les Papes, les Evêques, » ne peuvent-ils rien faire fans lui ? & rien ne » peut-il être faint ou parfait, s'il n'en a la con-» duite * ? » Pour cette fois, Bernard céda à l'o-rage, & il fe tint en repos jufqu'à la mort du Pape.

Mais auffitôt après cet évènement il reparoît dans les affaires avec une activité repofée. Il dirigea toutes les élections fuivantes, qui fe pref-sèrent, au rifque de faire de nouveaux ingrats **. Son Epître aux Cardinaux, fur l'élection du pape *Eugène*, eft d'un ton d'autorité, qui ne laifferoit pas croire que c'eft un fimple Abbé qui écrit *au facré Collège ***.*

Aux caufes de la Croifade, que nous avons déja obfervées, on peut ajouter deux nouveaux

---

* Innocent, Pap. Ep. 218.
** Baronius, ann. 1143.
*** *S. Bern.* Ep. 257.

motifs : 1°. l'intérêt du Pape, qui vouloit occuper au dehors les féditieux Romains qui ébranloient fon trône, & vouloient reffufciter le fénat & la république : 2°. l'enthoufiafme de Bernard qui y voyoit l'empire de fa parole, & la monarchie univerfelle de l'Eglife, fon idée favorite. Nous ne répéterons pas ici tout ce qu'il fit à cet égard; nous nous contenterons d'obferver encore quelques traits de fa vie.

Il fait dépofer l'Evêque d'Orléans, malgré le Roi & les Princes, malgré la réclamation de P. le Vénérable. Il écrit aux féditieux de Rome une lettre qui fit fans doute beaucoup d'effet dans ce temps-là; & une autre à l'empereur Conrad, *pour lui recommander le Pape* *.

Enfin, il engage l'abbé Suger à affembler un concile en l'abfence du Roi, pour condamner les erreurs de *Gilbert de la Porée* **. Othon de Fleffingue, fon hiftorien, ne peut fe diffimuler *que Bernard avoit beaucoup d'averfion pour ceux qui s'attachent aux fciences humaines, & qu'il étoit porté à croire facilement qu'ils s'écartoient de la foi.*

N°. VII.

ÉCLAIRCISSEMENT fur quelques détails relatifs à la vie de Suger.

Il me refte peu de chofe à dire de la perfonne

---

* *Epift. S. Bern. Ep.* 243, 244.
** Oth. Friffing.

de *Suger* ; je n'ajouterai que quelques réflexions & quelques citations *des originaux*. Il paroît que *Suger* avoit une ame douce & forte, un esprit juste & profond, & que les circonstances déterminèrent son caractère. La bassesse de sa naissance, & l'état libre, opulent & considéré qu'il dut à son habit, mis en opposition avec la misère, la servitude & l'oppression qu'il auroit éprouvées dans son état naturel, lui firent faire sans doute de justes réflexions sur les droits de l'homme en société. Etranger à la considération dont il jouissoit, il dut prendre l'habitude de regarder ses honneurs comme n'étant qu'autour de lui ; mais quelle estime dut-il faire de ces tyrans qui ne considéroient que sa robe ! Il s'isola donc de ses contemporains ; il chercha dans l'Histoire à comparer les hommes & les siècles ; mais que de crimes, que de maux, que d'erreurs il rencontra ! Plus isolé que jamais, sa raison s'étoit fortifiée, ses principes s'étoient formés, & le mépris de tout ce qu'on estime dans le monde, dut être le sentiment dominant d'un sage vivant dans un siècle de barbarie (*a*).

La religion est un besoin de l'homme sensible ; à cette disposition de *Suger*, ajoutez l'in-

____

(*a*) *Mirabantur omnes animum in illo moderatum, excellentem, omnem tumorem sæculi calcantem, & quidquid vulgus timere solet vel optare ridentem, in mundo quidem constitutum, sed meliore sui parte cœlestibus inhiantem.* Vit. Sug.

fluence de l'esprit de son siècle, & admirez qu'il ait eu la force de se défendre de la superstition. Ainsi, d'après les circonstances où il se trouva placé, *une piété sage & éclairée*, fruit d'une ame tendre & affectueuse, *un esprit supérieur aux préjugés de son siècle*, auxquels il ne participa que par cette crédulité causée peut-être par l'excès d'une foi qui s'étoit interdite tout examen en matière religieuse, *une simplicité extrême* née du peu de cas qu'il faisoit de tout ; voilà les ressorts secrets qui ont remué cette grande ame.

On croira sans peine qu'un tel homme ne rechercha pas les places ; le Roi l'appela de loin au ministère, qu'il n'accepta qu'avec répugnance (*a*). Un homme sans ambition & sans amour-propre, qui pensoit si juste & si profondément, qui s'exprimoit avec tant de facilité & de modestie, parut comme une intelligence céleste ; rien en lui n'éveilloit la rivalité, & le respect faisoit taire l'envie (*b*). En général, le systême de conduite & de pensée de l'abbé Suger, fondé

(*a*) *Absentem hunc & longè positum ad regimen vocatum fuisse, nil tale suspicantem, sed & accepisse invitum constat.* Ibid.

(*b*) *Tantam facundiæ possidebat gratiam, ut quidquid ex illius ore audisses, non eum loqui, sed legi crederes.... Quoties vocati convenissent Episcopi & Optimates, considente eos Principe, hunc pro expertâ & probatâ prudentiâ, unum pro omnibus responsa dare unanimiter compellebant, verbis illius addere nihil audebant.* Ibid.

fur les raifons que nous en avons données, fut de fe renfermer en lui-même, *& de ne rien donner à l'affectation* (a).

La variété des talens de l'abbé Suger pourroit étonner ceux qui penfent que l'efprit fe circonfcrit lui - même dans de certaines limites, fuivant les objets vers lefquels il eft déterminé par une pente fecrette ; mais s'il arrivoit, comme je le crois, que la nature n'adopte point cette manière de claffer que fe fait notre foibleffe !.... Il n'y a point un efprit propre à chaque chofe ; le même efprit, appliqué à différentes claffes de faits, produit le général, le miniftre, le philo-fophe, l'artifte. Une extrême *mobilité* dans les fibres du cerveau, d'où naît la fagacité pour faifir promptement ; l'*attention* qui inveftit la plénitude d'un fait & de fes fuites, d'où la jufteffe dans les comparaifons, les jugemens & les réfultats ; & une *vigueur* dans les organes de la penfée, qui les rend capables de *lier* une longue fuite d'idées ; voilà la fomme d'efprit qui répond à tout ; l'exercice & l'habitude décident le genre ; & c'eft la pareffe de l'homme qui le claffe, non l'avarice de la nature (b). Ainfi, *Suger* fut *foldat* dans la guerre

______

(a) *Illud declinabat fummoperè, ne quidquam agere videretur quod in habitu, vel vitæ genere appareret notabile.* Ibid.

(b) Cette opinion paroîtra moins hardie, fi on fait attention qu'elle eft confirmée par l'expérience des anciens Romains. Le même homme rempliffoit fucceffivement

de Toury, *théologien* dans les Conciles, & *homme d'Etat* dans le Conseil.

Mais cette existence publique contrarioit son caractère, & il eut bien souhaité que *Louis le Gros* voulût le rendre à sa solitude. Le Roi ne put jamais y consentir ; & le bon Ministre sacrifia son repos au bien qu'il étoit en état de faire. La mort de ce Prince sembloit devoir lui rendre la liberté : une jeune cour, une princesse aimable, & qui aimoit trop à plaire , des lieux & des choses qui lui renouveloient douloureusement le souvenir de son bienfaiteur , tout rappeloit Suger à la retraite ; mais le jeune Prince avoit besoin de ses conseils , & comment abandonner le fils de *Louis le Gros* (a) ? Ensuite les guerres, les

---

toutes les charges de la République. *Sénateur*, il entroit au Conseil de la Nation ; *Edile*, il présidoit aux bâtimens publics, aux spectacles, &c. *Pontife*, il avoit le soin des sacrifices, des cérémonies religieuses, &c. *Augure*, il expliquoit la volonté des dieux par l'inspection des poulets sacrés , le vol des oiseaux , les entrailles des victimes , &c. *Préteur*, il jugeoit les affaires particulières ; *Questeur*, il avoit le soin des finances ; *Consul*, il commandoit les armées, & faisoit toutes les fonctions souveraines.

Homme de Lettres encore dans ses loisirs , *César* écrivit ses guerres ; *Caton* fit des livres sur l'économie : *Scipion* & *Lælius* passent pour avoir prêté leur esprit à *Térence*.

(a) *Quoties vir sincerus ac purus & curiam conatus est, & omnem administrationem relinquere , ut ad ampliora secederet , intra natalium suorum modum senescere quod sibi , ut satebatur, contigisse maluisset.* Vit. Sug.

embarras de toute espèce, & la Croisade achevè-
rent de l'enchaîner.

Suger s'opposa à cette dernière entreprise tant
qu'il lui fut possible, & il finit par se consacrer
entièrement au succès de ce dont il avoit si juste-
ment blâmé le projet (a). Cette expédition ab-
sorboit des sommes immenses, & le Roi écrivoit
à *Suger*, que ses avis se réalisoient en tout, & il
lui demandoit de l'argent, incertain s'il y en avoit
au trésor, mais sûr que les revenus de S. Denis
y suppléeroient (b).

L'Histoire s'étoit perdue en France dans la
barbarie de la seconde race : *Nithard*, petit-fils
de Charlemagne, est le dernier historien de cette
époque. *Suger* ressuscita l'Histoire, & il établit
les grandes Chroniques de S. Denis. Il écrivit la
vie des deux Rois qu'il avoit servis, & il est le
premier dans cette suite d'auteurs contemporains,
qui ont écrit successivement l'histoire des règnes
où ils ont vécu. Qui pouvoit mieux que lui rem-

(a) *Nemo existimet ipsius voluntate, vel consilio Regem iter
peregrinationis agressum ;... cum inter ipsa statim initia ob-
viare frustra conatus, regium cohibere impetum non posset ;
tempori cedendum adjudicavit, ne vel regiæ devotioni inferre
videretur injuriam, vel fautorum offensam inutiliter incurreret.*
Ibid.

(b) *De cætero rerum status ipse nos admonet, imò & urget
& arguit, ut admonitionis vestræ memores simus.... quo-
tidiana impendia gravia sustinentes ad vestram recurrimus
probatam fidelitatem, ut... & auxilio sublevetis. Quomodo*

plir cet office (a) ! Les grandes Chroniques de
S. Denis sont restées un dépôt précieux, & souvent
consulté sur les anciens usages, le cérémonial,
les contestations du point d'honneur, les prétentions des Princes, les procès entre les grands
vassaux, &c. Leur sincérité fut assurée par la religion du serment ; on les montroit aux étrangers
comme le dépôt sacré de l'Histoire nationale,
& elles restoient enfermées sous deux clefs, dont
l'une étoit entre les mains du Chancelier, &
l'autre en celles de l'abbé de S. Denis. (*Mém.
de l'Acad. des Inscript. Tom. XV.*)

Depuis ce temps le travail infatigable des religieux de S. Benoît a bien étendu ces richesses
historiques. Contemporains de la monarchie dès
son origine, & par la quantité de leurs biens-
fonds, la multitude de leurs emplois, & le grand
nombre de leurs établissemens, se trouvant propriétaires d'une foule de pièces originales, &
de diplômes, de chartes, de titres essentiels à
l'Histoire, ils en ont défriché les landes, &

---

*verò id faciatis, sive de nostro, seu de vestro pecuniam sumptam
nobis mittatis, melius novit, melius sapit & facere, & discer-
nere discreta prudentia vestra, quàm providentia nostra.* Inter
Epistolas Reg. Lud. VII, ad Suger, Abb. Epist. 6.

(a) *Quis ea melius nosset, quis fidelius scripsisset, quàm
is qui utrique familiarissimus extitit, quem nullum secretum
latuit, sine quo nullum Reges inibant consilium, quo sublato
statim sceptrum Regni gravem sensit jacturam, quod Acquitaniæ
Ducatu, deficiente consilio, noscitur mutilatum ?* Vit. Sug.

formé tous ces grands recueils qui font les ma-tériaux de l'Hiftoire : ils ont raffemblé de vaftes bibliothèques, & s'empreffent de communiquer aux gens de lettres les tréfors qu'elles renfer-ment, accrûs encore par les lumières de ceux qui en font les dépofitaires.

Propriétaire des richeffes de l'abbaye de S. Denis, adminiftrateur fuprême du royaume, *Suger*, dans tout le cours de fa vie, ne fit rien pour lui-même que cette petite cellule qu'il fe conftruifit près de l'églife, & dont la petiteffe & la fimplicité rapprochées de la magnificence du temple & de la puiffance du Miniftre, offroit ce contrafte qui a toujours plu aux grands hom-mes (*a*). C'étoit-là que, fe repofant des foins de l'adminiftration, calme, & dans le fecret de fa confcience, il rendoit compte à l'Etre éternel de ce qu'il méditoit pour le bien des hommes : fen-timent délicieux & propre aux fages de tous les temps, que nous retrouvons chez un ancien dans *ce cœur bien préparé* (*b*), dans *cette ame qui fe rend témoignage de fon innocence* (*c*), & que l'orateur

---

(*a*) *In omni quidem adminiftrationis tempore, nil propriis ædificavit ufibus, præter humilem illam Ecclefiæ adhærentem cellulam, decem vix pedes in latitudine, & quindecim in lon-gitudine continentem, quàm decimo antequàm decederet anno, ideò fibi ftatuerat, ut vitam ibi recolligeret, quàm in fecula-ribus diu fe fatebatur fparfiffe negotiis.* Ibid.

(*b*) *Bene preparatum pectus.* Hor.

(*c*) *Mens bene confcia recti.* Hor.

Romain exprimoit avec plus de fenfibilité encore, en difant : « Le fouvenir de la vie, quand elle s'eft » paffée à répandre une foule de biens fur l'hu- » manité, eft la penfée la plus agréable qui » puiffe affecter l'imagination de l'homme (a). »

On aime à entendre les grands hommes s'expliquer eux-mêmes ; c'eft ce qui ma déterminé à placer ici une lettre de l'abbé Suger à l'Evêque de Beauvais, au Clergé, au peuple, pour les détourner de la révolte. Cette lettre, rapprochée de celle au Roi, qui fe trouve dans le texte, fera preuve que le caractère de Suger étoit tel que je l'ai dépeint, doux, infinuant, modefte & ferme. Celle-ci, en particulier, réunit tous ces caractères, mais fur-tout elle eft remarquable par la manière adroite dont la menace fe préfente, fans aigrir les efprits, fans piquer le courage, enveloppée dans des formes tendres & affectueufes (b).

« * Au vénérable Evêque de Beauvais, au » Chapirre de la noble églife de Beauvais, au » Clergé & au peuple, Suger, par la miféricorde » divine, abbé de S. Denis, fouhaite cette paix » d'en-haut, qui vient du Roi des Rois, & celle » fur terre qu'ils peuvent obtenir du Roi.

______

(a) *Quoniam actæ vitæ, multorumque benefactorum recordatio jucundiffima eft.* Tufculan.

(b) Le texte latin étoit trop long pour trouver place ici ; il eft confervé dans le Recueil de Duchefne, Tom. 4.

* *Epift. Sug. ad fratrem Regis, Bellovacencem Epifcopum.*

» Vous favez avec quel défintéreffement, avec
» quelle follicitude de votre bien-être, j'ai tou-
» jours employé la confiance & les bontés dont
» le Roi m'honore, & celles que m'accordoit le
» feu Roi fon père dans des temps déja difficiles.
» C'eft dans la même fituation de mon cœur,
» c'eft au nom des mêmes fentimens que je veux,
» au fein même de la maladie qui m'accable,
» vous prier, vous engager, vous convaincre
» par toutes fortes de motifs de ne vouloir pas,
» trahiffant vos plus chers intérêts, vous élever
» contre le Roi & fa couronne, à qui tout ce
» que nous fommes de prélats & de barons,
» devons le fervice de nos armes, & le maintien
» de la foi que nous lui avons jurée. Un tel
» attentat, en effet, feroit vraiment nouveau &
» inouï jufqu'à ce jour, & il n'y a pas de doute
» que la ruine entière de votre ville & de fon
» églife n'en fût le prompt châtiment ; car vous
» fentez vous-mêmes de quelle dangereufe con-
» féquence il feroit qu'un Evêque ou le peuple,
» commis à fes foins, puffent prendre les armes
» contre le feigneur commun, fur-tout fans avoir
» l'avis du fouverain pontife, des grands & des
» prélats du royaume. Comment oferiez-vous
» former un tel projet, dont vos pères n'ont
» laiffé aucun exemple, ni dans l'Hiftoire, ni
» dans la mémoire des hommes ? & dans le fonds,
» quel prétexte pourriez-vous avoir de vous fou-
» lever contre un Prince jufte, protecteur des

» églises, & infatigablement occupé du bien
» public ? Certainement il n'a intention de faire
» tort ni à vous, ni à qui que ce soit : mais si
» vous pensiez qu'on eût surpris sa justice, vous
» deviez solliciter l'intervention des prélats &
» des grands, & même l'intercession du Pape,
» qui est le chef des églises : tout se fût aisé-
» ment pacifié. Que la noblesse de son origine
» se représente donc aux yeux du Prélat, & re-
» nouvelle son cœur ; entraîné dans une sédition
» populaire, il ne peut avoir des passions com-
» munes, & doit être d'autant plus empressé
» d'appaiser son Seigneur & son Roi, que c'est
» en même temps son frère. Si c'est l'amour de
» son église qui l'égare, qu'il éclaire son zèle,
» & rectifie ses idées. Tâcher de fléchir la clé-
» mence du Roi, & de le rendre favorable à
» son église, à ses citoyens, à lui-même, par
» des soumissions, & un entier abandon à ses
» bontés ; c'est le seul moyen d'éviter l'infamie de
» la trahison, du fratricide, & de toutes les hor-
» reurs qu'entraînent les circonstances présentes.

» Eh ! que pourrai-je dire en votre faveur, mes
» chers amis, le Doyen, l'Archidiacre & le
» noble Chapitre, si j'apprends que votre Mé-
» tropole va être détruite, & que c'est vous-
» mêmes qui avez porté le feu dans la maison du
» Seigneur ? Celui qui sait tout m'est témoin
» que, grièvement malade, tourmenté par une
» fièvre violente, je le suis encore plus par le

» chagrin que vous me caufez ; & que, fi cela
» étoit poffible, je me livrerois moi-même pour
» appaifer cette fédition.

» Et vous, malheureux citoyens, que j'ai tou-
» jours chéris, & affurément fans intérêt, de quel
» fecours pourrai-je vous être, quand j'entendrai
» dire que votre ville va être renverfée, vos
» femmes & vos enfans bannis & dépouillés, &
» la plupart de vous entraînés au fupplice ? Si
» vous y donnez lieu, tous ces maux font prêts
» à fondre, ou, s'ils font fufpendus par quelque
» événement imprévu, ils n'en retomberont
» qu'avec plus de force ; car la vengeance s'anime
» en fe différant. Si je puis prendre quelque
» confiance dans mes lumières, & dans cette
» expérience fexagénaire, je crois que vous
» vous expofez à perdre dans un moment le fruit
» de longs travaux. Vous accumulez fur vos têtes,
» & fur toutes les générations qui vous fuivront,
» la colère du Roi votre Seigneur, & la haine
» éternelle de tous ceux qui occuperont le trône
» après lui ; vous aliénez à jamais, par ce forfait,
» la dévotion du Roi envers toutes les églifes,
» & cette libéralité par laquelle il en a enrichi
» plufieurs, & la vôtre en particulier. Voyez
» donc, hommes fages, & prenez bien garde, je
» vous en conjure, de devenir vous-mêmes l'objet
» d'un décret pareil à celui qu'on trouva gravé
» fur une colonne de marbre, & où un Empereur
» difoit : *Villam Pontium refici jubemus.* »

Quelle

Il est bien triste pour les Rois d'être entourés de gens faux & intéressés, dont l'adroite perversité les éloigne de leurs vrais serviteurs, & qui même, quand le masque leur est arraché, sont presque aussi dangereux, parce qu'ils laissent dans le cœur du Prince, le mépris de l'homme, & le désespoir du bien. On étoit parvenu à noircir *Suger* dans l'esprit du Roi ; mais ce nuage fut bientôt éclairci au retour du Prince, & la faveur du Ministre s'en accrût encore.

Enfin, le dernier acte de la vie de *Suger* fut aussi l'action la plus recommandable qu'un homme de son âge & de sa profession pût laisser à la postérité. Desirant par dessus tout de retenir le Roi en France (*a*), & voyant combien l'esprit des Croisades étoit encore ardent, il voulut persuader

------

(a) *Et Regi quidem parcendum judicans, vel reversæ nuper militiæ quod vix paululum respirassent, convocatos super hoc negotio regni convenit Episcopos, exhortans illos & animans ad præsumendam secum victoriæ gloriam quæ potentissimis Regibus non fuisset concessa. Quod cùm frustrà tentasset tertiò, accepto gustu formidinis & ignaviæ illorum, dignum nihilominus duxit cessantibus aliis præ se laudabile votum implere. Quam videlicet magnificam devotionem suam ad tempus occultare maluisset, propter incertos exitus, sive ut jactantiam declinaret. Verum ingens illum prodidit apparatus. Nam exinde cæpit satagere, ut, per manus sacri Templi militum, sumptus tantæ rei necessarios Hierosolymam præmitteret, ex his scilicet redditibus quos proprio sudore vel solertiâ monasterio adjecerat. Porrò omnia faciebat specie quidem quasi pro se aliis pararet dirigere, re autem verâ si daretur vita comes per se*

I

aux Evêques de prendre les armes avec leurs vaffaux, & de faire eux-mêmes cette expédition ; il
n'étoit point étrange alors que les Prêtres fiffent
la güerre, & celle-là étoit *la guerre du Seigneur ;*
mais le Clergé n'accepta point cette propofition.
Suger fe réfolut donc à tenter feul cette entre-
prife ; &, ce qui acheve de caractérifer fon efprit
fimple & éloigné de toute affectation, c'eft qu'il
en garda le fecret jufqu'au moment de l'exécution, *de peur d'avoir l'air de la jactance ;* mais fon
fecret fut trahi, & bientôt on fut que les fommes
immenfes qu'il avoit fait paffer en Orient par les
Chevaliers du Temple, & les grands préparatifs
qu'il fembloit faire pour d'autres, étoient réellement deftinés à une expédition qu'il devoit con-
duire en perfonne. La mort l'arrêta. Contraint de
laiffer à d'autres mains l'exécution d'une entre-
prife pour laquelle il craignoit qu'on eût moins
d'ardeur que lui, il y confacra toujours les préparatifs qu'il avoit faits, & l'argent qu'il avoit
envoyé avec une telle magnificence, qu'il devoit
fuffire à plus d'une campagne.

La vie de Suger avoit été telle, que la fin n'en
pouvoit être troublée ni par les regrets, ni par les
défirs. Le Roi voulut honorer fes obsèques de fa
préfence. Il fut inhumé d'abord dans un caveau

---

*ipfum profecturus..... Confiderans in talibus confilio opus effe
potiùs quàm viribus, & prudentiam magis quàm arma neceffariam, &c.* Vit. Sug.

fimple & fans décoration *. Cent ans après, en 1259, Matthieu de Vendôme, abbé de S. Denis, le fit transporter dans l'épaisseur du mur de la croisée de l'églife, du côté du midi, avec cette fimple infcription : *Hic jacet Sugerius, abbas.* En 1654, on y fubftitua une longue épitaphe gravée fur une table de bronze, encadrée de marbre. Suger avoit foixante-dix ans quand il mourut.

---

* Ann. 1151.

FIN.

ERRATA.

Page 7, à la note, quelque humbles, *lisez* quelque hautes, &c.

11, ligne 8, différent, *lisez* différant.

12, à la note *b*, un certain nombre de peaux de moutons, *lisez* de peaux de martres.

14, ligne 12, des principes du bonheur public, *lisez* les principes.

30, ligne 12, à disputer l'Angleterre, même, *lisez* à disputer l'Angleterre même, &c.

48, ligne 19, Suger voulut renouveller & étendre les anciens établiffemens, *lisez* ces anciens éta-bliffemens.

9 782019 910440